Edmund Pfleiderer

Leibniz und Geulinx

Edmund Pfleiderer

Leibniz und Geulinx

ISBN/EAN: 9783743315525

Hergestellt in Europa, USA, Kanada, Australien, Japan

Cover: Foto ©Thomas Meinert / pixelio.de

Manufactured and distributed by brebook publishing software (www.brebook.com)

Edmund Pfleiderer

Leibniz und Geulinx

VERZEICHNISS
DER
DOCTOREN
WELCHE
DIE PHILOSOPHISCHE FACULTÄT
DER
KÖNIGLICH WÜRTTEMBERGISCHEN EBERHARD-KARLS-UNIVERSITÄT
IN TÜBINGEN
IM DECANATSJAHRE 1883--1884
ERNANNT HAT

BEIGEFÜGT IST EINE ABHANDLUNG

LEIBNIZ UND GEULINX
MIT BESONDERER BEZIEHUNG AUF IHR BEIDERSEITIGES
UHRENGLEICHNISS
VON
DR. EDMUND PFLEIDERER
ORDENTLICHEM PROFESSOR DER PHILOSOPHIE

TÜBINGEN
DRUCK VON LUDWIG FRIEDRICH FUES
1884

Unter dem Dekanat des Professors Dr. Alfred Frh. von GUTSCHMID wurden zu Doktoren der Philosophie ernannt:

1883

Peter HOFFMANN, Docent an der Staatsuniversität in Gent	14 April.
Michael KLEOBULOS aus Adrianopel	24 Mai.
Aurel STEIN aus Pesth	24 Mai.
Friedrich LOSCH, Vikar in Langenau	7 Juni.
Woldemar RICHTER aus Weikardshof	7 Juni.
Richard KUPFER aus Gaudlitz bei Mügeln	11 Juni.
Eberhard SCHOTT, Oberlehrer in Augsburg	16 Juni.
Otto D'HAM, Lehrer am Realprogymnasium in Limburg a/d. Lahn	9 Juli.
Richard KLEINSORGE, Lehrer an der Oberrealschule in Elberfeld	9 Juli.
Georg SOMMER, Vikar in Bissingen	9 Juli.
Theodor GREVE, Lehrer an der Realschule erster Ordnung in Aachen	13 August.
K. Sigismund HERZOG, Gymnasialprofessor in Stuttgart	13 August.
Richard WAHL, Repetent am Kgl. Wilhelmsstift hier	13 August.
Adolf BONHÖFFER, Gymnasialrepetent in Stuttgart	13 November.
Gottfried von DORN, Oberstudienrath in Stuttgart, honoris causa	20 November.
Konstantin RITTER, Hilfslehrer am Gymnasium in Ulm	6 Dezember.
Ernst GESSLER, Präceptor am Gymnasium in Hall	20 Dezember.
Wilhelm HALLER, Stadtvikar in Ulm	20 Dezember.
Emil KAUFFMANN, Universitätsmusikdirektor hier	24 Dezember.

1884

Jamaspji Minochehrji Jamasp Asana, Dastur in Bombay, honoris causa	8 Januar.
K. J. Oscar Werth aus Halberstadt	10 Januar.
Adolf Ludwig, Lehramtsassistent an der Kgl. Realschule in Wasserburg a/Inn	10 Januar.
Adam J. May, Gymnasialprofessor in Offenburg	29 Januar.
K. Hermann Klaiber, Pfarrer in Wurmberg	29 Januar.
José Pereira Felicio Conde de São Mamede, Attaché bei der Portug. Gesandtschaft in Berlin	21 Februar.
G. Gottlob Blind, Pfarrer in Adolzhausen	21 Februar.
Wilhelm Koppelmann aus Schüttorf	5 März.
Emil Wolf aus Karlsruhe	5 März.
Rudolf Krauss aus Cannstadt	10 März.
Franz X. Reck, Repetent am Kgl. Wilhelmsstift hier	13 März.

Abgewiesen wurden 8 Bewerber.

Erneuert wurde das vor fünfzig Jahren ertheilte Doktordiplom dem Herrn Karl August Klüpfel, Universitätsbibliothekar a. D. dahier. 14 März.

LEIBNIZ UND GEULINX

MIT BESONDERER BEZIEHUNG AUF IHR BEIDERSEITIGES
UHRENGLEICHNISS.

Meine vor zwei Jahren an eben diesem Ort erschienene Studie über Arnold Geulinx als Hauptvertreter der okkasionalistischen Metaphysik und Ethik, Tübingen bei L. F. Fues 1882, hat hinsichtlich ihres vornehmlichen Gegenstands und Zwecks von verschiedenen Seiten erfreuliche Zustimmung gefunden, wenn sie sich bemühte, den lange und überwiegend verkannten Niederländer durch ernstlichen Rückgang auf die Quellen um ein erhebliches günstiger darzustellen, als er sich in der philosophischen Tradition meistens präsentirt hatte.

Auf ziemlichen Widerspruch dagegen stiess der damit verbundene gelegentliche Exkurs über das Verhältniss unseres grossen Leibniz zu Geulinx, wie sich beide, ohne Berufung des Einen auf den Andern, besonders in dem allbekannten Vergleich der Harmonie von Leib und Seele mit zwei gleich gehenden und doch gegenseitig unabhängigen Uhren auf eigenthümliche Weise berühren. Gegen mein Ergebniss, das für Leibniz minder günstig lautete, hat zuerst E. Zeller bei einer Besprechung meines Schriftchens in Rödigers deutscher Literaturzeitung 1882, S. 1004 Bedenken geäussert und eine harmlosere Erklärung jenes literarischen Zusammentreffens als möglich bezeichnet. Sodann hat namentlich R. Eucken in einem längeren Aufsatz der philosophischen Monatshefte, Jahrgang 1883 S. 525—542 diese Apologie nachdrücklich und eingehend fortgesetzt.

Obgleich sonst kein Freund von Erwiderungen, glaube ich

es dennoch in diesem Falle nicht sowohl mir, als vielmehr der Sache und vor allem Leibniz selbst schuldig zu sein, mich mit den Einwendungen auseinanderzusetzen, welche man mir gemacht hat und deren Gedanken wohl auch in weiteren Kreisen getheilt werden oder Beifall funden. Ausserdem soll meine diessmalige Untersuchung überhaupt gar keine eigentliche Replik sein, was als literarische Privataffaire die Leser mit Recht nur langweilen würde; sondern dieselbe kann weit eher eine Neuaufnahme und monographisch ausführlichere Behandlung desjenigen Punktes meiner früheren Schrift heissen, den ich dort nur okkasionalistisch dazwischen hinein und schon dessbalb in einer Weise behandelt hatte, welche Missverständnissen leichter ausgesetzt war. Und überdiess will ich gleich zum Eingang aufrichtig und gerne gestehen, dass die üchtwissenschaftlichen und rein objektiv gehaltenen Bemerkungen so bewährter Männer mich auch sachlich gefördert haben. Insbesondere danke ich es Zeller, dass er am genannten Orte mich auf eine weitere Quelle für diese Spezialität aufmerksam gemacht hat, welche mir in sicherlich entschuldbarer Weise entgangen war. Es sind die von E. Dubois-Reymond in den Monatsberichten der Berliner Akademie Jahrgang 1874, S. 561 bis 567 vorgelegten Notizen Dr. Berthold's, eines Mannes, welcher im ausnahmsweise glücklichen Besitz einer beträchtlich älteren Ausgabe der Geulinx'schen Ethik eben für unsere Frage werthvolles und sonst kaum erhältliches Material verbunden überdem mit eigenen hübschen Anregungen liefert.

Durch diese Bereicherung meiner Quellen, sowie durch die mir gemachten Einwände bin ich jedenfalls zu einer gründlichen Neudurchsuchung und Erwägung des in Rede stehenden Literaturgebiets veranlasst worden, welche mich in der That zu beträchtlich anderen Resultaten, als den erstmals gegebenen geführt hat.

An sich zwar glaube ich meine früheren Aufstellungen, immerhin unter der Bedingung formeller Restriktionen und entschiedener Milderungen, im Wesentlichen festhalten und namentlich die mir gemachten grösseren Einwände bestimmt widerlegen zu können. Aber ich werde dafür die ganze Voraussetzung, unter der allein jene Ergebnisse ein für Leibniz bedenkliches Gewicht haben, und die bisher eigentlich allgemein und so auch von meinen Opponenten getheilt wurde, mit einer keineswegs zu kühnen, durch Data hinreichend erhärtbaren Hypothese selber umstossen. Dadurch wird sich meine eigene jetzige Arbeit in Wahrheit zu etwas Besserem gestalten, als es zuerst scheint, nemlich umgekehrt gerade zu einer Apologie von Leibniz selbst hinsichtlich seines Verhältnisses zu Geulinx.

Ob ich mich in dieser Zuversicht täusche, muss ich der schliesslichen Kritik des Lesers zu entscheiden überlassen; mir jedenfalls gibt dieselbe allein die Lust zu einer sonst verhältnissmässig recht trockenen Operation mit ziemlich minutiösem Detail. Denn sowenig ich gesonnen oder überhaupt geneigt bin, etwas an sich so Nebensächliches und Peripherisches zu einer ungebührlichen Wichtigkeit aufzubauschen, glaube ich dennoch, dass die Grösse eines Leibniz, um welchen es sich dabei hauptsächlich handelt, auch Kleines an Bedeutung wachsen lässt, zumal wenn es gelingen sollte, einen Punkt endlich einmal definitiv aufzuhellen, welcher seit nächstens zweihundert Jahren immer einigermassen als dunkler galt und ruhelos von Zeit zu Zeit spuckte. Ein solcher Abschluss wäre selbst für Geringfügigeres in den Augen der nüchternen Wissenschaft immer noch der Mühe werth.

Insofern brauche ich mich auch durchaus nicht zu geniren, wenn ich meine eigenen früheren Aufstellungen zu korrigiren habe, d. h. wesentlich doch aus eigener Kraft durch bessere zu ersetzen weiss. Das bekannte „ὃ γέγραφα, γέγραφα" imponirt mir überhaupt weit weniger, als die schöne Devise ächter selbstloser Wissenschaftlichkeit von Leibniz selber, der in einem Hauptaufsatz unserer Frage von sich sagt: „Je ne suis de ceux, à qui l'engagement tient lieu de raison" [1]).

Formuliren wir den Thatbestand noch einmal, wie er für die ganze Streitfrage anstossgebend ist, so verhält es sich mit dem auffallenden Zusammentreffen beider Philosophen in dem Uhrengleichniss genauer so: Der Eine wie der Andere glaubt (überhaupt, und speziell) für das Verhältniss von Leib und Seele die vulgäre und auch scholastische Schulmeinung eines realen Wechseleinflusses abweisen zu müssen und die Harmonie beider Potenzen, welche statt dessen aus dem originalen göttlichen Schöpfungsarrangement resultiren soll, mit dem Bilde zweier Uhren erläutern zu können, welche durch einen absoluten Künstler gebaut und von Anfang an gleichgerichtet trotz völliger gegenseitiger Unabhängigkeit ihres fortanigen Ablaufs jederzeit genau zusammentreffen und mit einander schlagen [2]).

---

1) Op. philos. ed. Erdmann 131ᵃ; ich werde im Folgenden Leibniz stets nach dieser Ausgabe citiren.

2) Für diejenigen Leser, welchen meine frühere Schrift nicht zur Hand ist, führe ich den Wortlaut bei beiden Autoren hier noch einmal an. In Geulinx' Ethik von 1709 S. 123. 124. Anm. 19 heisst es: Imo voluntas mea non movet motorem, ut moveat membra mea, sed qui motum indidit materiae et ei leges dixit, is idem voluntatem

Diess frappante Zusammenstimmen des Niederländers und Deutschen in der Lösung und Illustrirung eines metaphysischen Haupt-

meam formavit: itaque has res diversissimas (motum materiae et arbitrium voluntatis meae) inter se devinxit, ut cum voluntas mea vellet, motus talis adesset, qualem vellet, et contra cum motus adesset, voluntas eum vellet, sine ulla alterius in alterum causalitate vel influxu: sicut duobus horologiis rite inter se et ad solis diurnum cursum quadratis, altero quidem sonante et horas nobis loquente, alterum itidem sonat et totidem nobis indicat horas: idque absque ulla causalitate, qua alterum hoc in altero causet, sed propter meram dependentiam, qua utrumque ab eadem arte et simili industria constitutum est: sic v. g. motus linguae comitatur voluntatem nostram loquendi, et haec voluntas illum motum: nec haec ab illo, nec ille ab hac dependet, sed uterque ab eodem illo summo artifice, qui haec inter se tam ineffabiliter copulavit atque devinxit. — —

Leibniz O. p. 134 a ff. sagt, indem er das Uhrengleichniss dreitheilig weiter ausmalt, um damit zugleich den Unterschied seiner Theorie von den zwei wichtigsten andern zu erläutern: J'ai cru qu'on pourrait rendre la chose (scl. la grande question de l'union de l'âme et du corps) intelligible à toute sorte d'esprits par la comparaison suivante. Figurez-vous deux horloges ou deux montres, qui s'accordent parfaitement. Or cela se peut faire de trois façons. La première consiste dans l'influence mutuelle d'une horloge sur l'autre; la seconde dans le soin d'un homme qui y prend garde; la troisième dans leur propre exactitude. La première façon, qui est celle de l'influence, a été experimentée par feu Mr. Huygens à son grand étonnement. Il avait deux grandes pendules attachées à une même pièce de bois; les battements continuels de ces pendules avaient communiqué des tremblements semblables aux particules du bois; mais ces tremblements divers ne pouvant pas bien subsister dans leur ordre et sans s'entr'empêcher, à moins que les pendules ne s'accordassent, il arrivait par une espèce de merveille, que lorsqu'on avait même troublé leur battements tout exprès, elles retournaient bientôt à battre ensemble, à peu près comme deux cordes qui sont à l'unisson. La seconde manière de faire toujours accorder deux horloges bien que mauvaises, pourra être d'y faire toujours prendre garde par un habile ouvrier, qui les mette d'accord à tous moments: et c'est ce que j'appelle la voye d'assistance. Enfin la troisième manière sera, de faire accorder ces deux pendules avec tant d'art et de justesse, qu'on se puisse assurer de leur accord dans problems, womit sie gewissermassen in eigener Person zwei genau gleichschlagende Uhren schriftstellerisch zu repräsentiren scheinen, wurde nun schon im vorigen Jahrhundert von Dritten mehrfach bemerkt, worauf wir in einem späteren Zusammenhang noch ausdrücklich kommen werden. In neuerer Zeit hat meines Wissens besonders H. C. W. Sigwart [1]) ernstlich darauf hingewiesen. Sodann aber hat H. Ritter durch die entsprechende Bemerkung in seiner viel weiter verbreiteten Geschichte der Philosophie [2]) den Hauptanstoss dazu gegeben, dass aus der metaphysischen Uhrenfrage, wenn ich so sagen darf, das weit kleinere, aber doch nicht ganz unbedeutsame Nachspiel der literarischen herausgewachsen ist d. h. die Untersuchung angeregt wurde, wie wir uns denn genauer die Thatsache dieser

la suite; et c'est la voye du consentement préétabli. Mettez maintenant l'âme et le corps à la place de ces deux horloges. Leur accord ou sympathie arrivera aussi dans une de ces trois façons. La voye d'influence est celle de la philosophie vulgaire; mais comme on ne saurait concevoir des particules matérielles, ni des espèces ou qualités immatérielles, qui puissent passer de l'une de ces substances dans l'autre, on est obligé d'abandonner ce sentiment. La voye de l'assistance est celle du système des causes occasionelles; mais je tiens que c'est faire venir Deum ex machina, dans une chose naturelle et ordinaire, où selon la raison il ne doit intervenir que de la manière qu'il concourt à toutes les autres choses de la nature. Ainsi il ne reste que mon hypothèse, c'est à dire, que la voye de l'harmonie préétablie par un artifice divin prévenant, lequel dès le commencement a formé chacune de ces substances d'une manière si parfaite, et réglée avec tant d'exactitude, qu'en ne suivant que ses propres loix, qu'elle a reçues avec son être, elle s'accorde pourtant avec l'autre; tout comme s'il y avait une influence mutuelle, ou comme si Dieu y mettait toujours la main au delà de son concours général.

1) In seinem Schriftchen „die Leibniz'sche Lehre von der prästabilirten Harmonie", Tübingen 1822, S. 59 und 104 ff.

2) XI, 140.

merkwürdigen Uebereinstimmung von Leibniz und Geulinx zu erklären haben.

Hiebei reflektirte die Mehrzahl, wie mir scheint, zunächst nur oder doch hauptsächlich auf das beiderseitige Vorhandensein desselben Bildes und Gleichnisses als solchen, ohne zugleich seinen inhaltlichen Sinn oder seine sachliche Tragweite weiter zu beachten. In diesem Fall handelte es sich dann offenbar blos um die verhältnissmässig noch recht harmlose Frage literarischer Kuriosität, welcher von jenen beiden Philosophen der ursprüngliche Eigenthümer des gemeinsamen Besitzes sei.

Abweichend von der lange verbreiteten Meinung weitester Kreise, welche von Geulinx gar nichts oder doch lediglich nichts Genaueres wussten, wohl aber von Leibniz, schien es nun bei genauerem Einblick in den literarischen Sachverhalt so gut wie selbstverständlich, dass die Entscheidung für den im Jahre 1669 gestorbenen Niederländer ausfallen musste. Derselbe hatte ja seine Ethik, welche hier in Betracht kommt, schon im Jahre 1665 erscheinen lassen, während sich bei Leibniz das Uhrenbild erst von 1696 an findet.

Durch diese Chronologie war indessen trotzdem erst die ganz unbedeutsame faktische Priorität des Geulinx im Gebrauch jenes Gleichnisses entschieden, nicht aber zugleich schon die genetisch-kausale im Verhältniss zu Leibniz, d. h. das Beeinflusstsein des Letzteren und sein Entlehnen von dem zeitlich früheren Philosophen. Man ergänzte jedoch dieses Glied in der Beweiskette meistens theils ausdrücklich, theils namentlich stillschweigend durch die gewiss berechtigte Erwägung, dass der allseitig orientirte Leibniz im Besitze der grösstmöglichen Literaturkenntniss sicher von Geulinx gewusst habe; damit zusammengenommen wurde ein unabhängiges Verfallen des Ersteren auf genau dasselbe Bild, wenn gleich an sich möglich, so doch entschieden minder wahrscheinlich.

Weil man aber dem grossen Leibniz nicht einmal in solcher, vorerst noch sehr geringfügiger Weise unvorsichtig zu nahe treten mochte, regten sich bald gegen obige scheinbar selbstverständliche Entscheidung der Prioritätsfrage da und dort Zweifel und Bedenken. Erdmann bemerkt in seinem Grundriss der Geschichte der Philosophie[1]), dass er, beschränkt auf den Gebrauch einer posthumen Ausgabe der Geulinx'schen Ethik vom Jahre 1709, nicht entscheiden könne, ob das Uhrenbild nicht am Ende erst eine nachträglich eingefügte Note der Herausgeber Bontekoe-Flender und gar nicht Eigenthum des Geulinx sei. Aehnlich äussert sich Dubois-Reymond in einer Anmerkung zu seiner Rede über die Grenzen des Naturerkennens dahin, dass jenes Uhrengleichniss möglicher Weise als ein originalleibnizisches schon längst im Umlauf befindlich, gerade umgekehrt von diesen späteren Geulinxherausgebern ihrerseits entlehnt und erläuterungsweise zu dem Geulinx'schen Texte annotirt worden sei [2]).

Im Einklang mit einer Bemerkung Sigwarts [3]) habe ich hiegegen in meiner früheren Darstellung wider Erdmanns Zweifel, die mir allein präsent waren, aus inneren Gründen und durch sorgfältige Vergleichung der diversen Noten in meiner Geulinxausgabe zu zeigen vermocht, dass jedenfalls die Anmerkungen mit Zahlziffern statt mit Buchstaben, und darunter eben die Noten mit dem Uhrenbild sicher

---

1) II, 29.
2) Vgl. Berthold, Monatsberichte der Berliner Ak. 1874 S. 562.
3) a. a. O. 151

von Geulinx selbst und nicht von den Herausgebern stammen. Schon früher aber hatte Berthold, von dessen werthvoller Vorarbeit ich wie gesagt erst später Kunde erhielt, im glücklichen Besitz seines älteren Ethikexemplars durch ein sicheres äusseres Datum ganz dasselbe weit einfacher erhärtet, wenn er als ausdrückliche Vorbemerkung des Herausgebers anführt: Apposuimus cifras vulgo dictas; sed ubi Literas a b c textus (textui?) insertas videris, non notas autoris esse cogita, sed explicationes uberiores, quae desumtae sunt ex versione belgica hujus tractatus in eum sermonem ab ipso auctore quondam translati; jam collata illa versione cum textu latino, si quid utile in ea plus videbatur contineri, inde decerpsit et in Latinum transtulit Philaretus aliquis latinoque textui per literas illas adjunxit in tui (lectoris) gratiam et commodum [2]). Das Positive hiezu, dass dafür die Zahlziffern direkt Geulinxisches geben, ist wohl die ohne weiters berechtigte Ergänzungsinterpretation dieser typographischen Notiz.

Nachdem also dieser Zweifel Erdmanns und Dubois-Reymonds durch innere und äussere Argumente zugleich beseitigt ist, wäre die Leibnizische Entlehnung des Uhrenbilds von Geulinx abermals möglich, resp. wahrscheinlich; und die Untersuchung aus dem Gebiete des „Urheberrechts" hätte nach vorübergehender Beschwichtigung von Neuem zu beginnen, um den allerdings etwas eigenthümlichen Fall aufzuklären.

Wir erwogen nemlich bisher allein das Vorkommen genau desselben Bildes bei beiden Philosophen, wobei, wenn nicht eine Abhängigkeit Leibnizens von Geulinx, so doch jedenfalls eine Bekanntschaft des Ersteren mit demselben und seinem Gleichniss Jedem über-

---
1) a. a. O. 564.

wiegend wahrscheinlich dünken musste. Hiezu gesellt sich nun aber das zweite, schon etwas bedenklichere Moment, dass Leibniz dessen ungeachtet den Niederländer niemals nennt, wie allgemein zugegeben wird. War diess Zufall? Warum nicht? antworten die Vertreter des vorigen Standpunkts in unserer Frage, welchen eigentlich doch nur die Identität des beiderseitigen Beispiels als solchen auffällig und von Interesse war. Ich lasse für sie Berthold mit den Schlussworten seines kleinen Aufsatzes reden, wenn er sagt: „Um zu erklären, dass trotzdem Leibniz nirgends den Ursprung des Uhrengleichnisses angibt, braucht man nicht anzunehmen, dass er sich durch die Erweiterung und Bereicherung, die er demselben hatte zu Theil werden lassen, berechtigt glaubte, es als das Seinige zu betrachten. Sondern es liegt nahe sich zu denken, dass Leibniz in einem Bilde, welches schon Descartes, Geulinx und Foucher gebraucht hatten, ein Gemeingut sah, dessen fortan Jeder sich bedienen dürfe, ohne an dessen Ursprung zu erinnern [1]. Wie mir scheint, ist auch Zeller in seiner Besprechung meines früheren Schriftchens geneigt, mit dieser Erklärung sich im Wesentlichen zufrieden zu geben [2].

Nun ist ja ganz gewiss wahr, dass das Bild an und für sich ein überaus leicht findbares ist, auf das ein Jeder zu aller Zeit gleich gut von selbst kommen konnte. Hatte es also Einer, z. B. Leibniz, je auch zuerst bei einem Anderen gefunden, so war das eben desshalb ein so minutiöses ξένον, dass es weiter keine Pflicht der dankbaren Erwähnung involvirte. Und diess gilt zweimal für jene Tage, wo eben in den Kartesianischen Kreisen Alles von machina, automate etc. oder

[1] a. a. O. 567.
[2] Deutsche Lit.-Zeitung von Rödiger 1882, 1004.

tiefer gefasst von dem Dilemma Mechanismus—Teleologie widerhallte, so dass endlich auch das Uhrenbild sozusagen auf der Strasse aufzulesen war.

Ja noch mehr! Berthold weist sehr hübsch darauf hin, dass es in gewisser Art wörtlich schon bei Descartes selbst vorlag. Allerdings nur in gewisser Art und in völlig verschiedenem Zusammenhang, nemlich sogar als Beispiel dafür, dass vielleicht die wirkliche Welt als Werk Gottes faktisch in total anderer Weise entstanden sei, als der Philosoph es bisher geschildert habe. Denn am Ende können ganz verschiedene Maschinerien schliesslich doch zum gleichen Resultate führen: „Nam quemadmodum ab eodem artifice duo horologia fieri possunt, quae quamvis horas aeque bene indicent et extrinsecus omnino similia sint, intus tamen ex valde dissimili rotularum compage constant, ita non dubium est, quin summus rerum opifex omnia illa, quae videmus, pluribus diversis modis potuerit efficere" [1]).

So viel wir wissen, hat nun Geulinx zuerst dieses Bild oder vielmehr eine nähere Modifikation desselben auf den Zusammenhang von Leib und Seele angewendet. Ich sage nur: Soviel wir wissen. Denn sein Vorkommen in Bertholds Ethikexemplar von 1683 beweist doch eigentlich blos die Priorität des Niederländers gegenüber von Leibniz, nicht aber auch diejenige gegenüber von etwaigen uns noch weniger bekannten Okkasionalisten, deren Zahl bekanntlich gross war [2]). Indessen kann uns das hier gleichgültig sein, sofern wir ja nicht das mühsame und wohl kaum lohnende Geschäft einer monographischen Gesammtgeschichte des Okkasionalismus übernommen haben.

---

1) Berthold a. a. O. 562: Descartes princ. philos. IV, 204.
2) Gegen Berthold'a. a. O. 563.

Später finden wir dann die Vergleichung bei dem Canonicus Foucher von Dijon, einem literarischen Bekannten Leibnizens, und von hier aus vollends, wie wir nachher noch einmal genauer zu untersuchen haben werden, eben bei unserem Leibniz vom Anfang des Jahres 1696 an.

Käme es nur auf das Bild selbst an, so könnte sicherlich zumal angesichts dieses literarhistorischen Thatbestands unbedingt von einem Gemeingute gesprochen werden, dessen sich fortan Jeder bedienen durfte, ohne an seinen Ursprung zu erinnern. Ueberhaupt aber wäre die Sache bis jetzt ehrlich gesagt ein Bagatell, das die Mühe seiner immer wiederholten Anregung seit zweihundert Jahren kaum verlohnte. Allein offenbar steckt eben dennoch etwas Ernstlicheres dahinter, das für Viele mehr instinktiv, für Wenige ganz klar und ausdrücklich das punctum saliens und treibende Motiv dieser Prioritäts- und Eigenthumsfrage bildet und dieselbe bisher noch nicht zur Ruhe kommen liess.

Wenn ich seither immer betonte: „das Bild an und für sich" oder „das Gleichniss als solches" abgesehen von seinem inhaltlichen Werth oder seiner sachlichen Tragweite gerade im betreffenden Zusammenhang, das pure, nackte Bild also, wie wir es nahezu schon bei Descartes fanden, so war das natürlich eine kaum durchführbare Abstraktion von künstlicher Art. Unwillkürlich drängte sich Jedem, der mit der Lehre unserer beiden Philosophen irgend besser vertraut war, die zunächst abgewiesene Hauptsache hartnäckig herzu, nemlich eben der systematische Gedanke und die ganze Tendenz des Bildes an seinem Ort. Hat es doch dem unbefangenen Eindruck nach unbeschadet allen sonstigen Differenzen ihrer Systeme bei Beiden keinen andern

Zweck, als eben das schöpferische göttliche Arrangement, die Harmonisirungsthat der Vergangenheit zu betonen und die jetzige Harmonie von Leib und Seele als deren nothwendige Folge zu erläutern.

Sigwart gibt diesem Eindruck Worte, wenn er nach Citirung der Geulinx'schen Stelle fortfährt [1]): „Welcher Leser wird hier nicht unwillkürlich an Leibniz erinnert? und wenigstens in dem ersten Augenblicke urtheilen, hier sei doch offenbar nichts Andres, als die prästabilirte Harmonie des Leibniz" — von welcher Jedermann weiss, dass sie der erklärte Lieblingsgedanke des deutschen Philosophen war, auf dessen erste Aufstellung er sich ausdrücklich etwas zu gut that. Nun bedenke man, dass er den älteren, ihm doch wohl bekannten Philosophen niemals nannte, obwohl er hienach wenigstens in einem systematischen Hauptpunkt sogar bis aufs Wort mit ihm zusammenzutreffen scheint; man sehe überdem näher zu, wie er statt einer solchen Erwähnung eben dem gemeinsamen Uhrenbild in seiner eigenen dreitheiligen Ausmalung eine Wendung gibt, welche mit ihrem zweiten Fall zum Mindesten nur die schlimmere Seite am ganzen Okkasionalismus, somit auch an Geulinx, dem bessergesinnten Vater des Bildes, zur Veranschaulichung bringt, während Leibniz die gemeinsame dritte, alleingünstige Formulirung ausschliesslich für sich okkupirt!

Kein Unpartheiischer kann leugnen, dass mit dieser Häufung aller, konkret in Betracht kommenden Momente ein ziemlich böser Schein wider unseren Philosophen sich zusammenzieht und zumal in Anbetracht seiner sonstigen eminenten Bedeutung die ganze Frage sich beträchtlich über das Niveau des blossen Bagatells und Wort-

[1]) a. a. O. 59.

oder Bilderstreits erhebt. Auch Eucken muss dies in den Einwendungen gegen meine frühere Darstellung einräumen [1]). Zeller in seiner Geschichte der deutschen Philosophie bemerkt wenigstens [2]), dass Leibniz bei seiner Kritik der Kartesianischen Theorie „auffallender Weise" diejenige Form derselben, welche seiner eigenen Ansicht näher kommt, die des Geulinx (und Spinoza) unberücksichtigt gelassen. Stärker drückt sich Sigwart aus, wenn er über die Nichtnennung des Geulinx bei Leibniz sagt [3]): „Dieses ist um so auffallender, weil doch Christian Thomasius ihn kannte. — Sollte Leibniz, der so ausgebreitete Verbindungen mit den Gelehrten der damaligen Zeit und so umfassende literarische Kenntnisse hatte, diesen Mann und seine Schriften nicht gekannt haben? Man kann es fast nicht glauben, und doch sollte man es wieder glauben, weil er ihn nie nannte, ungeachtet er so oft Veranlassung dazu hatte, namentlich da, wo er von dem Verhältnisse seiner Lehre von der prästabilirten Harmonie zu früheren Philosophemen, insbesondere der Kartesianischen Schule sprach. — — Je mehr nun die Lehre des Geulinx sogar in dem Ausdrucke und in dem Gleichnisse mit der Leibniz'schen zusammentraf, und je mehr bei diesem Umstande und den schon bemerkten literarischen Verhältnissen gerade das Stillschweigen des Leibniz über Geulinx den Verdacht erregen könnte, dass er seine Lehre von der prästabilirten Harmonie bei diesem gefunden und von diesem entlehnt habe, um so nothwendiger wird — — die Prüfung, wie sich die Leibnizische Lehre von der prästabilirten Harmonie zu den früheren

---

1) Philos. Monatshefte 1883, 530.
2) 1te Aufl. 116 Anm.
3) a. a. O. 105—107.

Philosophemen verhalte, ob und inwiefern jene Lehre dem Leibniz aus ihm eigenthümlichen Gründen hervorgegangen sei".

Durch diese letztere Wendung lenkt nun freilich Sigwart's tüchtige Untersuchung doch eigentlich wieder von unserer Frage ab und lässt wenigstens einen Theil des schlimmen Verdachts oder bösen Scheins unerledigt liegen. Denn sie schliesst mit dem zweifellos richtigen, indessen im Grund genommen kaum erforderlichen Nachweis der wesentlichen Originalität des Leibnizischen Systems überhaupt; dagegen kommt sie nicht wieder auf das trotzdem eigenthümliche Verhalten dieses Philosophen zu Geulinx zu reden.

Auch sonst fand und finde ich nicht, dass irgendwo genau und ohne baldige Abschweifung gerade diesem Punkt ernstlich nahegetreten oder eine durchgeführte Lösung des Räthsels versucht worden wäre. Dagegen war ich überzeugt, dass es sogar für Leibniz selbst besser sei, der Sache wenigstens einmal einen bestimmteren, fassbaren Namen zu geben, an dem oder wider den sich weitermachen liesse, als es nur bei dem Auffallenden oder Unberechtigten oder gar Verdächtigen seines Benehmens bewenden zu lassen. Desshalb benützte ich die Gelegenheit meiner rehabilitirenden Darstellung von Geulinx, um dazwischenhinein — und wahrlich ungern genug! — auch das Verhältniss Leibnizens zu ihm einigermassen auf den Begriff zu bringen, wie das schliesslich überall Pflicht und Aufgabe der philosophischen Untersuchungsweise ist. Bei meinen früheren ausführlichen Arbeiten über den grossen Mann, einen der Grössten, welchen Deutschland je gehabt, hatte mich die Kritik seinen „Panegyriker" genannt, was ich insofern ruhig acceptire, als ich dort allerdings erstmals umfassend seine historischpolitische und kulturgeschichtliche Gesammtbedeutung

in das richtige und gebührende Licht gestellt habe ¹). Immerhin
jedoch war ich durch den tadelnden Beigeschmack jener kritischen

1) Vgl. mein Buch „G. W. Leibniz als Patriot, Staatsmann und Bildungsträger; ein Lichtpunkt aus Deutschlands trübster Zeit, für die Gegenwart dargestellt" Leipzig 1870 (Herbst 1869). Ebendaselbst: „Leibniz als Verfasser von zwölf anonymen meist deutschgeschriebenen politischen Flugschriften" 1869/70. — Das obige unbefangene Aussprechen dieses literarischen Selbstbewusstseins mag namentlich insofern auffällig klingen, als der Beifall und dem entsprechend die Verbreitung, welche jene Arbeiten bisher bei dem deutschen Publikum gefunden haben, allerdings in keinem Verhältniss zu meiner persönlichen Genugthuung über dieselben stehen. Um so nöthiger ist es, zugleich an die nüchterne Selbsterkenntniss zu erinnern, mit welcher ich schon damals vor 15 Jahren die genannten Werke in die Welt gehen liess und meine Gesammtdarstellung Leibnizens, als des grossen patriotischen Politikers und Kulturcentrums jener trübsten Zeit in Deutschland, ausdrücklich nur als Schattenriss bezeichnete, dem hoffentlich bald das volle lichte Bild des gewaltigen Manns aus der Meisterhand eines unserer grossen Historiker folgen werde. Als Vorbedingung hiezu bezeichnete ich selbst die endliche komplete Herausgabe von Allem, was irgendwo als Leibnizische Arbeit noch verborgen und zerstreut liege, und nannte diese wahrlich späte Herausgabe eine Ehrenschuld des neuerstehenden Deutschlands. Es ist gewiss hocherfreulich, dass das wirklich erstandene deutsche Reich, vertreten durch Leibnizens Stiftung, die Berliner Akademie der Wissenschaften, sich der Sache angenommen hat und durch Gerhard jene Publikation besorgen lässt. Wenn die etwas starke und immerhin vielleicht in Etwas vermeidbare Voluminosität der Letzteren in den Händen eines Privaten uns sorglich machen könnte, ob die Sache nicht abermals wie schon so oft in's Stocken kommen werde, so dürfen wir gewiss zu jener Stelle, welche hiefür die geborene Patronin ist, die gute Zuversicht eines anderen, nemlich eines trotzdem definitiven Resultats hegen. Und ist diess einmal geleistet, so bin ich auch überzeugt, dass meine oben erwähnte Hoffnung einer fachmännischen und wahrhaft erschöpfenden Meisterdarstellung Leibnizens nach seiner weit mehr als nur philosophischen Bedeutung bald sich erfüllen wird. Ich könnte mir für einen unserer ersten deutschen Historiker nicht leicht eine dankbarere Monographie denken. Möge alsdann mein eigener Versuch ruhig wieder vergessen werden, nachdem er in kritischer Zeit den Dienst energischer Anregung zu thun versucht hat, wenn er am schwülen Vorabend des deutsch-französischen Kriegs („18. Oktober" 1869) im bestimmten Gefühle dessen, was kommen musste, d. h. die endliche grosse Ab-

Prädikats für die neue kleine Spezialforschung über sein Verhältniss zu Geulinx gewissermassen misstrauisch gegen mich selbst geworden

rechnung mit den Sünden Frankreichs an uns, dem deutschen Volke den Genius eines seiner eifrigsten früheren Vorkämpfer gegen jene Nation und überhaupt einen seiner bedeutendsten Heroën für die schweren Stunden des Kampfs lebendig vorzuführen unternahm, aber freilich kaum mehr Gehör fand, ehe es bereits hiess: Inter arma silent musae! — In Anbetracht des letzteren Umstands sei mir indessen noch an die betreffenden deutschen Gelehrtenkreise eine Bemerkung oder eine erneute Aufforderung verstattet, welche sich vornemlich auf die zweite oben erwähnte Schrift bezieht und mit der endlich vollständigen Publikation sämmtlicher Leibnitiana näher zusammenhängt. Mein dortiger Nachweis einer bisher unbekannten, aber sehr interessanten anonymen politischen Schriftstellerei von Leibniz ist auch nach meinem heutigen logischen Gewissen jedenfalls von der Art, dass er nicht einfach ignorirt werden darf, wie diess meines Wissens bis jetzt in der Hauptsache geschehen ist; sondern er muss von der Schule aufgenommen und widerlegt, oder aber acceptirt und zugleich vervollständigt werden. Denn dass auch Letzteres möglich ist, hat mir schon auf sehr beschränktem literarischem Entdeckungsgebiet ein absolut sicherer, obgleich kleinerer späterer Fund in dieser Beziehung bewiesen. Als ich denselben seiner Zeit einer deutschen historischen Zeitschrift einsandte, hielt es diese nicht für nöthig, ihn aufzunehmen, so dass ich mich damit, um nicht gar vollends an den Franzosen Careil zu geben, mit dem ich früher einmal Briefe gewechselt, wenigstens an den Welfen O. Klopp nach Hietzing flüchten musste, um die Sache nicht wieder verloren gehen zu lassen, weil die deutsche Wissenschaft für eine Leibniz betreffende Entdeckung keinen Raum hatte. Solche wenig erhebende Erfahrungen machen mich wohl nicht ganz mit Unrecht misstrauisch hinsichtlich des bisherigen Ignorirens meiner obigen eventuellen Funde. Denke ich an den Krebsschaden noch des neuen Deutschlands, nemlich an die immer schroffer werdende Coterien-, Zunft- und Ringwirthschaft, so können Einem nicht minder für die Wissenschaft analoge Bedenken kommen. Sei dem jedoch im einzelnen Falle, wie ihm wolle, so wende ich mich unentwegt abermals an alle jene Historiker des betreffenden Gebiets, welche wissenschaftlich unbefangen genug sind, um schliesslich sogar von einem Nichtfachgenossen gewiss anspruchslos gehaltene Winke zu beachten, und fordere sie hiemit von Neuem auf, im selbstlosen Interesse der Sache mit ihren weit reicheren Mitteln und viel besser geschulten historischkritischen Kräften der Frage gelegentlich nachzugehen oder sie wenigstens bei ihren andern Arbeiten mit im Auge zu behalten. Denn dass in dieser Hinsicht eben und glaubte doppelt unpartheiisch gegen beide Philosophen verfahren, also besonders streng gegen eine unwillkürliche Begünstigung Leibnizens auf der Hut sein zu müssen.

Und so war denn das Ergebniss, welchem ich nicht ausweichen zu können meinte, den Grundgedanken nach einmal dasjenige, was ich vorhin als die missliche Häufung konkreter Verdachtsmomente oder als die unleugbare Veranlassung zu einem bösen Schein gegen Leibniz bezeichnete. Fürs Andere aber glaubte ich namentlich auch dem unerquicklichen letzten Wort der Deutung dieses bedenklichen Sachverhalts nicht allzuvorsichtig aus dem Wege gehen zu dürfen, sondern sprach von einer Verschlechterung und Entstellung wenigstens des Geulinx'schen Okkasionalismus eben in der Leibniz'schen Wendung des Uhrenbilds, und endlich von einem absichtlichen Verschweigen des Mannes; denn bei einem in der Hauptsache guten Gewissen (seiner Originalität) habe es Leibniz dennoch wenigstens vor dem grossen Publikum genirt, einen so nahestehenden Vorgänger für seinen Lieblingsgedanken zu haben. Das aber erschien mir als eine Ungehörig-

von Leibniz noch Manches zu finden ist, kann ich mit Sicherheit behaupten, oder habe ich vielmehr in obiger Schrift bereits für Einzelnes unanfechtbar bewiesen. Insbesondere gilt mein Ersuchen auch dem jetzigen Herausgeber vom ganzen Leibniz und dessen sämmtlichen Manuscripten, mit welchen in Wechselwirkung dieses oder jenes anonyme Editum aus jener Zeit am Ende unerwartetes Licht erhält und zu seinem rechten Namen kommen kann. Bedenke ich, wie unsere emsigen Historiker doch eigentlich mit Allem und Jedem sich beschäftigen, mit Grossem, Kleinem und Kleinstem, mit Altem, Neuem und Neuestem, und bedenke ich, wie z. B. die Auffindung eines geringfügigen Bruchstücks aus einem sonstigen Schriftsteller vielleicht des 3. und 4. Rangs mit Freuden begrüsst wird, so meine ich denn doch, dass auch ein Leibniz und seine gesammte Hinterlassenschaft, selbst diejenige, welche ihm nur sehr wahrscheinlich angehört, einige Berücksichtigung verdienen dürfte.

keit, wie sie ein Heros, gleich Leibniz, sich nicht hätte sollen zu Schulden kommen lassen.

In der Aufnahme dieses meines Wagnisses von Seiten des gelehrten Publikums ist es nun fürs Erste ein Missverständniss, übrigens von minder erheblicher Art, wenn z. B. Eucken [1]) mir vorzuwerfen scheint, ich habe irriger Weise bei Leibniz eine ungerechte Beschränkung des Okkasionalismus auf das begrenzte Gebiet des Anthropologischen gefunden. Das wäre allerdings unrichtig gewesen [2]), ist aber, soviel ich sehe, von mir auch gar nicht als Leibnizens Meinung, sondern nur als diejenige der meisten Geschichten der Philosophie in ihrer Behandlung des Okkasionalismus, insbesondre als die ganz ausdrückliche Fassung von K. Fischer behauptet und bewiesen worden.

Weit erheblicher, als dieser Nebenpunkt, ist nun aber das Zweite, was Eucken zwar ganz korrekt als nicht von mir selbst so scharf gefasst und ausgedrückt bezeichnet; dagegen erklärt er es, und mit ihm vielleicht auch Andere in ähnlichem Eindruck, für die unvermeidliche Konsequenz aus meinen Prämissen, womit er es also indirekt dennoch mir aufbürdet.

Was ich nemlich an Beschuldigungen gegen Leibniz erhebe, involvire einen ohne Zweifel überaus schweren Vorwurf, so schwer, dass moralische Achtung für einen, solcher Beschuldigung überführten Mann nicht mehr möglich wäre. Denn wie undankbar, wie unedel wäre die ihm vorgeworfene Handlungsweise gewesen, zumal wenn er Etwas entstellt und verfälscht hätte, dem er selbst Förderung verdankte, ja durch welches er auf den Gedanken der praestabilirten

---

1) A. a. O. 534.
2) Vgl. z. B. O. p. 127a.

Harmonie hingeleitet war, den er mit Recht für den Hauptgedanken seines Systems erachtete.

Nun, so tragisch kann ich die Sache zum Voraus nicht ansehen, jetzt sowenig, wie vordem, selbst wenn sich meine früheren Beschuldigungen halten lassen, nemlich genau diejenigen, welche ich selbst ausgesprochen! Auch Zeller (a. a. O.) zeigt trotz seines Eintretens für Leibniz keine Spur einer so bedenklichen Auffassung meiner Vorbringungen gegen diesen Philosophen. Und wahrhaftig: Wer die Welt nimmt, wie sie ist, nicht wie sie freilich sein sollte, dem müssten mit so drakonischem Masse gemessen bedenklich viele Glieder der literarischen Gesellschaft heute, wie früher und in Zukunft total verachtungswürdig erscheinen. Man denke nur an das genau hier einschlägige literarische Genre des Rezensirens, insbesondre in der beliebten anonymen Form gewisser Blätter, die trotzdem in hohem Ansehen stehen; ebenso an den fast immer üblichen Ton des Replizirens mit seiner meist wundersamen Ungerechtigkeit; oder an das tausendfach geübte danklose Benützen und Abschreiben vielleicht gerade derer, welche man nur nennt, wo man so glücklich ist, ihnen etwas am Zeuge flicken zu können. Hiegegen wäre das Verfahren von Leibniz, wie ich es früher vermuthete, beinahe ein bloses peccatillum gewesen, das wir freilich von diesem eminent grossen und edlen Mann dennoch lieber weghaben möchten, statt ihn gleich anderen Grössen der Wissenschaft in einer solchen Menschlichkeit den Tribut an unser aller Natur zahlen zu sehen.

Ich sagte vorhin mit Bedacht, dass ich, zur Rechenschaft gefordert, unter allen Umständen auf einem genauen Verbleib bei der Art und dem Masse meiner Beschuldigungen bestehen müsste und nur allenfalls die Verantwortung für die Konsequenzen der eigenen Prämissen tragen könne, nicht aber für andere. Denn ohne mich selbst der eben erwähnten Replizirungsungerechtigkeit schuldig zu machen, glaube ich sagen zu dürfen, dass sich in Euckens Ausführung durch den Eifer der Vertheidigung Leibnizens meine Prämissen unwillkürlich um ein Beträchtliches umgestaltet haben. Bildet doch in seiner Darlegung unverkennbar die eventuelle unedle Undankbarkeit das punctum saliens, die Undankbarkeit Leibnizens gegen einen Mann, dem er Förderung verdankte, ja durch dessen Anregung er auf den Hauptgedanken seines Systems hingeleitet war.

Wo habe ich diese letztere Behauptung aufgestellt oder selbst nur angedeutet, welche ja auch sachlich nach allgemeinem Zugeständniss in hohem Grade unrichtig wäre und mit der meine spätere ausdrückliche Bemerkung von dem „in der Hauptsache guten Gewissen Leibnizens gegen Geulinx" begreiflicher Weise total unverträglich sein würde? Einzig von dem unglücklichen Uhrenbeispiel, als formellem Bild und Beispiel, habe ich angesichts der zweifellosen zeitlichen Priorität desselben bei Geulinx zuerst gesagt, dass die Leibnizische Entlehnung desselben immerhin das Wahrscheinlichere sei; bald darauf aber liess ich auch das wieder dahingestellt mit dem Zusatz, dass an dieser Eigenthumsfrage als solcher natürlich herzlich wenig läge. Es ist einleuchtend, wie wenig ich hiemit auf irgend eine sachliche und inhaltliche Abhängigkeit des Leibniz'schen Systems von Geulinx gedeutet oder das Entsprungensein seines Centralgedankens der prästabilirten Harmonie aus jenen Anmerkungen des Niederländers, und damit eine Dankbarkeitspflicht gegen denselben behauptet habe. Gegen dies Missverständniss mich ausdrücklicher zu verwahren, hielt ich einfach desshalb nicht für nöthig, weil ich es in Anbetracht der neuerdings durchgängig anerkannten systematischen Originalität des Deutschen nicht für möglich ansah.

Analog wie bei dem Streite über die Erfindung der Integral- und Differentialrechnung, ja vielleicht noch mehr als bei ihm ist ja klar, wie Leibniz in völlig selbständiger Weise und sogar in scharfem Gegensatz zum Kartesianismus zunächst auf seine eigenartige Monadenlehre und dann von ihr aus vollends zur prästabilirten Harmonie gekommen ist [1]). Ich glaube noch weiter, dass man den ersten instinktiven Keim der Letzteren schon in seinen Lieblingsbeschäftigungen aus früher Jugend, in seinen Untersuchungen über die ars combinatoria, über die Permutations- und Variationsrechnung und dgl. finden darf. Die dreitausend geflissentlich elisionsfreien lateinischen Hexameter, die der Dreizehnjährige an Einem Tag als Stellvertreter für einen kranken Mitschüler zu einer Schulfeier in Leipzig verfertigte, sind gleichsam das kindliche Vorspiel der kollisionsfreien, weil „une fois pour toutes" richtig arrangirten Welt, ein Spiel, das in dem tiefsinnigen Aufsatz de rerum originatione radicali zur poësis und mathematica divina potenzirt erscheint. So tief lag von Anfang an der Harmoniegedanke in der eigensten Seele des Guilielmus Pacidius gewissermassen selbst prästabilirt zu Grunde, und sowenig hat er ihn von Andern entlehnt, denen er dafür Dank und Anerkennung schuldig gewesen wäre!

Um allerdings vorläufig noch von einzelnen Ausdrücken abzusehen, ist also meine wahre Meinung einfach diese gewesen: Leibniz war, was ich als gar nicht in Frage stehend voraussetzte, zu seiner

---

[1]) Vgl. bes. den Brief an Arnauld von 1690, O. p. 107 ff.

unter allen Umständen genügend eigenartig bleibenden Lehre auch formell auf durchaus selbständigem Weg gekommen. Dabei traf er nun aber wenigstens in dem Punkte der ewigen Ordnung oder Prästabilirung mit den besseren Okkasionalisten, insbesondere mit Geulinx zusammen, und zwar mit diesem sogar wörtlich. Er traf zusammen, sage ich; nicht dass er von ihm abhängig gewesen wäre. Denn selbst wenn er das Uhrenbild von demselben entnahm, so war das von Ferne noch nicht die Sache selber, sondern wie ich oben bemerkte, ein herzlich unbedeutsames ξένον, welches gerade damals beinahe auf der Strasse zu finden war. Ja es konnte sich sogar dem Leibniz nach selbstständiger Findung erst als nachträgliche Reminiscenz aus Geulinx präsentiren, während er bei früherer Lektüre zunächst achtlos daran vorübergegangen war, ehe er sich zu seinem eigenen Systeme durchgerungen hatte. Wie oft geht es uns Allen bei unserem Denken und Forschen im Verhältniss zu früherer Lektüre so, dass wir Fremdes erst erkennen und beachten, nachdem wir es selbst gefunden.

Trotzdem wäre er durch dieses, zumal im Wortlaut frappante Zusammentreffen, dessen Kenntniss zur fraglichen Zeit ich seiner eminenten Belesenheit und seinem bekannten Riesengedächtniss mit beinahe allen Autoren über diesen Gegenstand glaubte zuschreiben zu müssen, nach meinem Gefühl entschieden zu einem doppelten engagirt, resp. verpflichtet gewesen.

Für's Erste hätte er bei seinen so häufigen Auseinandersetzungen mit dem Okkasionalismus irgend einmal selber auf die eigenthümliche Koincidenz aufmerksam machen, somit namentlich auch den Geulinx mit seinem ächten Uhrenbeispiel als denjenigen nennen sollen, welcher jedenfalls in derartigen Aussprüchen, also meinethalb prophetisch und

ahnungsweise dem Richtigen am nächsten gekommen, so sehr er auch
andererseits wieder davon abgefallen oder in einer unhaltbaren Mittelstellung
stecken geblieben sei. Dabei hätte Leibniz seine Unabhängigkeit,
welche er sicherlich mit gutem Gewissen behaupten durfte,
gegenüber von dem nur faktischen, aber ihn nicht wirklich beeinflussenden
theilweisen Vorgänger immerhin so entschieden als möglich
betonen können.

Für's Andere aber hätte er gerade das Uhrengleichniss überhaupt
nicht in jener dreitheiligen Spezialisirung brauchen sollen,
deren dritter günstiger Fall seine eigene Theorie repräsentirte und
dem Sinne nach ebenso seinerzeit von Geulinx für sich in Anspruch
genommen worden war, während jetzt Leibniz den Okkasionalismus
in genere, also auch Geulinx mit dem ungünstigen zweiten Fall
charakterisirte. Mit anderen Worten hatte der Vater oder doch der
erste Verwender des Bildes den gerechten Anspruch darauf, mit seinem
eigenen Bilde, und nicht mit einer Abart desselben gezeichnet zu werden.

Warum Leibniz so verfuhr, wie er es wirklich that? Warum
er für's Erste gerade den Geulinx nicht nannte, sondern wohl nur
unter den „alii Cartesiani" stillschweigend miteinbegriff, während er
unzählige Mal von Malebranche spricht, aber auch die anderen Okkasionalisten,
wie Clauberg, de la Forge, Cordemoye gelegentlich anführt? [1]).

---

[1]) Die häufige generelle Bezeichnung ist „System der gelegentlichen Ursachen",
etwas verschieden von „System der Assistenz"; — spezieller ist der Ausdruck „die
Kartesianer", öfters mit dem Zusatz „die neuen K.", z. B. 178. 179; — am detailirtesten
157ᵃ: „Cordemoius, Forgius et alii Cartesiani; inprimis Malebranchius
exornavit", oder 127ᵃ: „Malebr. a mis en vogue"; — Clauberg finde ich allerdings nur
in einem etwas anderen Zusammenhang 48ᵇ als klaren Kartesianer erwähnt.

Warum er namentlich für's Zweite dem Uhrengleichniss jene Ausführung gab, bei welcher mit den anderen Okkasionalisten auch derjenige entschieden nach seiner ungünstigeren Seite gezeichnet wurde, welcher es notorisch zuerst in einem für sich günstigeren Sinne gebraucht hatte?

Nach den bisherigen Prämissen konnte ich mir diesen „auffallenden" oder „verdächtigen" Umstand wenn auch mit äusserstem Widerstreben nicht anders erklären, als in meiner früheren Schrift geschah: Insbesondere in Anbetracht der Einwendungen und Insinuationen von Lami, Bayle und Anderen hinsichtlich seiner Originalität genirte es ihn trotz seines in der Hauptsache guten Gewissens, an Geulinx für seine prästabilirte Harmonie einen allzu nahestehenden Genossen oder sogar Vorgänger (im oben entwickelten Sinne der nur faktischen, nicht genetischen Priorität) zu haben. Es genirte ihn jedenfalls vor dem grossen Publikum, für dessen minder genaues und weniger subtil eindringendes Denken allerdings die Verwandtschaft eine höchst frappante sein musste.

Diess „Geniren" meinte ich so: Hätte er Geulinx vor, neben oder nach der Darstellung seiner eigenen Ansicht genannt, so hätte die Menge sich sicherlich nur an die auffallende Aehnlichkeit gehalten, welche das für ihre vorstellungsmässige Fassungskraft willkommene Gleichniss in sich schloss. Alle feineren Auseinandersetzungen aber über die daneben zweifellos vorhandene tiefere Differenz, welche auch ich schon früher entschieden betonte, wären vom grossen Publikum überhört worden und die berechtigsten Leibniz'schen Versicherungen seiner vollen sachlichen Unabhängigkeit in den Wind gesprochen gewesen. Es hätte geheissen: Qui s'excuse, s'accuse, zumal man Einem bei solchen Versicherungen einer originalen Entwicklung allerdings nicht in's Herz sehen kann, sondern nur ihr Träger selbst die volle Gewissheit darüber zu haben vermag; Andere dagegen lieben es, lediglich nach dem wahrlich nicht allein massgebenden Gesichtspunkt der zeitlichen Priorität zu urtheilen und zu schliessen: post hoc, ergo propter hoc! Um also nicht sich selbst, dem ohnehin genug Angefochtenen, in sachlich unverdienter Weise und zwar gerade bei seinem Lieblingskinde zu nahe zu treten und ein voraussichtlich ungerechtes Urtheil des Publikums seinerseits zu provoziren, schwieg er über den Mann, von dem er sich sagen durfte, dass er ihm Nichts, oder doch nichts irgend Nennenswerthes verdanke. Als ein Todtschweigen kann man das nicht eigentlich bezeichnen, sofern es ja neben dem Einen Leibniz Jedermann unbenommen blieb, den Niederländer zu studiren, welcher von ihm weder mit Namen getadelt, noch gelobt, sondern einfach nicht genannt war. Nur wollte er nicht, mit einem derben Sprüchwort geredet, unnöthiger Weise seine eigene Haut zu Markte tragen, indem er gerade Geulinx und sein Uhrenbeispiel anführte. Liess er doch daneben der besseren Seite des Okkasionalismus als solchen, welche von jenem mit vertreten war, in den fortwährenden Auseinandersetzungen mit Malebranche ohnedem die erforderliche Gerechtigkeit widerfahren.

Hiemit wäre zunächst das blosse Nichtnennen in einer Weise erklärt, die doch wohl nur ein ziemlich bescheidenes Mass von Ungehörigkeit oder eine solche Menschlichkeit involvirt, wie wir sie ohne Unrecht am Ende auch dem Grössten zutrauen dürfen!

Etwas schwieriger ist es nunmehr aber mit dem zweiten Punkte, welchen ich früher die Leibniz'sche „Entstellung und Verschlechterung" des Geulinx'schen Okkasionalismus nannte. Genauer sagte ich, dass „Leibniz den Okkasionalismus jedenfalls dessen, der zuerst gerade das Uhrenbeispiel brauchte, eben mit seiner dreigetheilten Formulirung dieses Bilds in unbilliger Weise entstellt habe, um einen leicht anschaulichen Unterschied desselben von seiner eigenen Theorie herauszubringen".

Von dieser Ausdrucksweise abgesehen, auf welche ich nachher zu reden komme, war, wie schon oben bemerkt, meine Ansicht allerdings die, dass der bessere Okkasionalismus insbesondere von Geulinx, aber auch von Malebranche in der Charakterisirung durch den zweiten Fall mit den Uhren ungebührlich schlecht wegkomme. Ja noch mehr: ich meinte, dass Leibniz in der That mit einer gewissen trotzigen Hartnäckigkeit dem Gegner dessen eigenes Bild gleichsam im Mund umdrehe oder dessen rechtmässigen Schild als Angriffswaffe gegen ihn verwende, als wollte er sagen: Obwohl du das Gleichniss im besseren Sinne für dich brauchen zu dürfen glaubst, kehre ich es dennoch gerade g e g e n dich. Denn du hast tiefer angesehen kein Recht darauf, sondern bist und bleibst trotz Allem ein Mirakelsystem, und sogar ein System fortwährender, atomistisch vereinzelter Mirakel, sobald man sich die Sache näher auszudenken versucht. Also trifft bei dir nur das zweite, und nicht wie du meinst das dritte Uhrenverhältniss zu.

Ohne Zweifel eine Kampfweise, die jedenfalls als seltsam verdreht und wenig natürlich erscheinen muss! Ehe ich sie jedoch näher charakterisire, habe ich mich freilich mit dem Haupteinwande Eucken's gegen mich auseinanderzusetzen, welcher dieselbe zwar nicht beseitigen, aber doch sehr erheblich abschwächen zu können glaubt. Er meint nemlich, dass Manche oder nach seiner eigenen Bemerkung [1]) wohl die Meisten, und so auch ich das Leibniz'sche Bild falsch deuten. Ich speziell wolle den zweiten, eben auf den Okkasionalismus bezüglichen Fall einer Harmonie beider Uhren durch die Hilfe eines „surveillant perpétuel" im Sinne eines wiederholten und diskreten Eingreifens von Seiten des Uhrenmachers verstanden wissen, welcher die auseinander gerathenen Zeiger oder Werke jeweils wieder richtig nachstelle. So aber, sagt Eucken, habe Leibniz den Okkasionalismus gar nicht schildern wollen und auch nicht schildern können, ohne ihm allerdings zu nahe zu treten oder, wie ich es stark ausdrückte, sich einer Entstellung und Verschlechterung desselben schuldig zu machen. Allein die letztere liege nur in meiner falschen Deutung, und treffe jedenfalls nicht als Schuld den Leibniz selber, welcher höchstens durch sein Bild gewissermassen die causa occasionalis des überwiegenden Missverständnisses geworden sei.

Diess kann ich nun rundweg nicht zugeben, sondern muss auf meiner früheren Darstellung als der allein natürlichen beharren, während Eucken diese Antithese, welche sein apologetisches Hauptargument bildet, nicht ohne ziemliche Künstlichkeit aufzustellen vermag und noch weniger im Stande sein dürfte, sie gegenüber von dem vollständigen literarischen Sachverhalt zu behaupten.

Man nehme nur einmal unbefangen den wiederholten Wortlaut bei Leibniz. 133b heisst es: La seconde (manière d'accord) est d'y attacher un ouvrier habile qui les redresse et les mette d'accord à tous moments. 131b wird die zweite Ansicht als ein nouveau secours de Dieu bezeichnet; und 134a, 135a heisst es von ihr: comme si Dieu y

---

1) A. a. O. 535 med.

mettait toujours la main au delà de son concours général. Im Gegensatz hiezu betont Leibniz als seinen glücklichen dritten Fall immer das artifice prévenant.

Sodann versetze man sich einen Augenblick selbst lebhafter in den mittleren Fall des Leibnizischen Vergleichs. Gehen beide Uhren gar nie auch nur einen Augenblick minimal auseinander, weil der surveillant ununterbrochen nachhilft, dann sind es eben einfach nicht die Uhren, welche gehen, sondern der surveillant ist seinerseits die Uhr in Person, und der ganze Vergleich wird hinfällig oder rein unvollziehbar, also werthlos. Gehen sie aber selber, jedoch als horloges méchantes und so, wie diejenigen Karls V. in San Juste (dessen Anekdote vielleicht mitspielt, falls sie so alt sein sollte), dann erhalten wir fortwährende minimale Abweichungen, welche jedoch der surveillant perpétuel sogleich „redressirt", ehe die Differenz nennenswerth und namentlich durch verschiedenen Schlag auffällig geworden ist. In dieser Form ist das Bild möglich; alsdann aber haben wir sogleich die „berichtigende redressirende" Thätigkeit, was auch Eucken als Leibnizische Bezeichnungen des okkasionalistischen Sachverhalts zugeben muss, welche unter Anderen vorkommen.

Und nicht blos diess, sondern es wiederholt sich ausserdem bei Leibniz fortwährend der Vorwurf des Deus ex machina gegenüber von dem Okkasionalismus, welchen Terminus von jeher Niemand anders, als im Sinne meiner Deutung verstand; oder es findet sich auch, und zwar ausdrücklich gegen Malebranche, der Vorwurf nicht nur von miracles, sondern sogar (et même) von miracles déraisonnables 695b, im Unterschied vom Leibnizischen une fois pour toutes. Einmal heisst es, dass statt dessen die Gegner das göttliche Wirken fassen à bâton rompu 447b, dass bei Malebranche trotz aller scheinbaren Gleichheit mit ihm die Gesetze von Leib und Seele derangirt werden 704a, oder dass ein troubler des natürlichen Laufs der Bewegung, ein perpetuo violare leges novis impressionibus stattfinde 430a, 446a. In der Stelle 459b wird der harmonie établie par avance entgegengesetzt une influence journalière, und 460a von einem göttlichen pouvoir arbitraire geredet. Endlich führe ich an 156a: Si quis defensor philosophiae novae inertiam rerum inducentis eo usque progrediatur, ut novas semper molitiones a Deo exigere nihil pensi habeat, is quam digna Deo sentiat, ipse viderit.

Ich denke, dass diese Fülle von Beispielen genügt, um zu zeigen, dass allerdings die unbefangene Interpretation, abweichend von Eucken's künstlichem Besserungsversuch, in der Leibnizischen Darstellung und Kritik des Okkasionalismus ausser dem unmittelbaren Rekurs auf die göttliche Kausalität überhaupt jedenfalls in gleicher Stärke eben das atomistisch Zerbröckelte, Vereinzelte, eingreifend Nachhelfende und Störende einer derartig gedachten göttlichen Wirksamkeit getadelt finden muss. Angesichts solcher näheren Erläuterung, welche Leibniz in eigener Person an so vielen Stellen gibt, konnte aber und kann wahrhaftig Niemand auch das im Vordergrund stehende und plastisch behältliche Uhrenbeispiel anders verstehen, als wir es thun; das musste sich Leibniz selbst unbedingt sagen, also auch die Verantwortung dafür übernehmen.

Ziemlich ausdrücklich finde ich diess von ihm in einer Stelle aus dem Brief an Basnage bestätigt [1]), welchen auch Eucken anführt. Bayle hatte ihm vorgeworfen, dass der Grund seiner Abneigung oder

---

1) O. p. 152a.

Abweichung vom kartesianisch-okkasionalistischen Systeme in einem Missverständniss desselben liege, als ob nemlich Gott in demselben als Deus ex machina wunderbar intervenire, während es ihn doch richtig verstanden nur nach allgemeinen Gesetzen interveniren, also nicht extraordinär handeln lasse. Hierauf erwiedert Leibniz wörtlich: „Es ist nicht dieser Grund allein, warum mir das kartesianische System nicht gefällt". Das kann meines Erachtens nicht anders erklärt werden, als so: Allerdings gründet sich meine Abneigung gegen den Okkasionalismus einerseits auf das atomistisch irreguläre Interveniren und Eingreifen ad hoc, welche Auffassung Bayle für ein Missverständniss erklärt, ich aber dennoch im Wesentlichen aufrecht erhalte. Andrerseits aber habe ich, auch wenn man davon abschen wollte, noch andere Einwände dagegen in Bereitschaft. — Es folgt nun so ziemlich der Gedanke des Aufsatzes „de ipsa natura seu de vi insita creaturarum" aus demselben Jahre, oder das Bedenken gegen die völlige Entselbstung des Weltlichen auch bei einem generell und gesetzlich geregelten Rekurs auf Gott. Nahe damit verwandt ist eine andere Stelle aus der Theodicée, wo gleichfalls beide Vorwürfe gegen den Okkasionalismus neben einander auftreten, wiewohl allerdings der erste ganz besonders pointirt ist, wenn vom System der causes occasionelles gesagt wird: Dieu s'emploie tout exprès pour remuer les corps comme l'âme le veut — outre qu'introduit ce système les miracles perpétuels, il ne sauve pas le dérangement des lois naturelles.

Zweifellos war hienach bei Leibniz diess obige „Einerseits" seiner Abneigung gegen den Okkasionalismus d. h. der Anstoss und Vorwurf eines atomistisch vereinzelten, störend präsentischen und damit

Gottes unwürdigen Intervenirens vorhanden. Es fragt sich nun, ob er damit sachlich Recht hatte.

Höchst wahrscheinlich ist, dass diess bei vielen minder bedeutenden Vertretern des soweit verbreiteten Okkasionalismus ausdrücklich und ausschliesslich zutraf; oder wurden dieselben jedenfalls von der Menge, welche lieber vorstellt, als denkt, nothwendig und allgemein so aufgefasst, ohne dass sie die erforderlichen Kautelen und näheren Bestimmungen hiegegen beifügten und sich dadurch von der Schuld an dem fast durchgängigen Missverständniss freimachten.

Was sodann die spekulativeren Häupter des Okkasionalismus, also insbesondere Geulinx und Malebranche betrifft, so geht ebensogewiss speziell bei dem Ersteren die innerste Tendenz auf ein Besseres, nicht blos, dass sich bei ihm „auch" Ansätze zum Rationelleren finden, wie Eucken es nun seinerseits zu nieder fasst [1]). Ganz im Allgemeinen ist dem Niederländer eine ob auch nur relative Selbständigkeit des Naturlaufs geradezu Paganismus (ganz im Sinne des von Leibniz besprochenen Altorfer Okkasionalisten Sturm mit seinem „idolum naturae"); und im Besonderen lässt sein dreimal wiederholtes Uhrenbeispiel gar keinen Zweifel über das Reinere und Spekulativere, was er wollte, nemlich den Ausschluss alles blos präsentischen, hie und da geschehenden und blos ad hoc eingreifenden Mitwirkens Gottes.

Auf der andern Seite leugnete ich schon früher nicht, dass er sich kaum weniger als die andern Okkasionalisten gar vielfach eine ungenaue und unvorsichtig präsentische Redeweise erlaube, während z. B. Spinoza mit der bei ihm erforderlichen Vermeidung des Prä-

---

1) A. a. O. S. 536.

teritum musterhaft genau ist. Ja noch mehr! Nach Abmachung der Apologie des Niederländers gieng ich ebenso unbefangen über „auf die ganz unleugbaren Mängel, welche der Geulinx'schen Anschauung — auch sachlich — anhaften und die wir ebensowenig gesonnen sind zu ignoriren, als wir im Bisherigen eine ungebührliche und geschichtlich unverdiente Unterschätzung des Mannes dulden konnten"[1]). Diese Mängel bestehen kurzgesagt in der unhaltbaren Halbheit, welche sich aus einer totalen Entselbstung der weltlichen Dinge einerseits, und der Scheu vor einer resolut pantheistischen Verwandlung derselben in göttliche modi andererseits mit unabweislicher Nothwendigkeit ergibt. Denn dass ein solches Hingravitiren auf Spinoza weit mehr, als die gleichfalls mögliche konsequente Wendung zum Leibnizischen Deismus der Fall dieses Okkasionalismus war, hat schon Leibniz wiederholt mit vollem Recht betont. In der unglücklichen, obwohl geschichtlich vollkommen begreiflichen Mitte zwischen diesen beiden grossen Systemen erhalten wir allerdings, auch ohne das Moment des Präsentischen, ein seltsames Mirakelsystem, oder es ergeben sich, wie wir das Gemeinte noch deutlicher ausdrücken können, geradezu gespenstische Wirklichkeiten, die doch nichts wirken, also unwirklich sind; wesenlose Wesen, Schemen und Schatten, die doch zugleich noch körperhaft sein sollen. Diess ist es wohl, was Leibniz, und hienach mit Grund, auch bei den besseren Okkasionalisten trotz allem und allem auszusetzen hat, was er unter dem miracle perpétuel oder der unvermeidlichen Spuckhaftigkeit versteht, welche ihr unmittelbarer Rekurs auf Gott in natürlichen Dingen nothwendig involvire. Ich gehe noch einen Schritt weiter und räume ein, dass man schliesslich

---

[1]) S. 31 meines Schriftchens über Geulinx.

sogar auf ein präsentisches Eingreifen und Stören durch Gott, trotz aller besser gemeinten Verwahrungen, in Folge dieser Halbheit zurückgetrieben wird, sobald man sich wenigstens die Konsequenz zu ziehen erlaubt oder versucht, dem betreffenden Sachverhalt ausdrücklich näher zu treten und ihn genauer auszudenken oder doch vorzustellen. Sind die Dinge Dinge und nicht blos göttliche modi, so haben sie, wenn wir überhaupt noch etwas unter Dinghaftigkeit sollen denken können, doch wenigstens ein Minimum von Selbstheit und Ipse-natur; aber diese darf sich andererseits schlechterdings nicht rühren und regen; denn das wäre Eingriff in die Prärogative des göttlichen Alleinwirkens; so bleibt also nur übrig, dass Gott sie schon im allerersten nisus agendi sogleich unterdrückt, stört und zu Anderem wendet, als sie von sich aus, und wäre es auch nur mit jenem Minimum von Selbstheit, gethan hätten.

Eine seltsame Sachlage! In fortwährendem Schaukeln werden wir von Einer Aufstellung zur andern, und von dieser wieder zur ersten beständig hin und her geworfen, so dass Niemand mehr weiss, wie man denn eigentlich daran ist. Nur ist das nicht sowohl unsere Schuld, als die natürliche Folge der unhaltbaren Mittelstellung des Okkasionalismus selber!

Daraus erklärt sich zugleich vollkommen, warum auch Leibniz ohne seine Schuld ganz dieselbe, beständig wiederkehrende Oscillation in der Besprechung und Kritik des Okkasionalismus zeigt, weshalb er einmal gegen Sturm treffendst bemerkt: ex quibus nihil certi exsculpere possum [1]). Wie ich schon früher berührte, findet sich bei ihm einerseits die günstigere, ja sogar eine in der Irenik sehr

---
1) O. p. 157a.

weitgehende Auffassung des Okkasionalismus (insbesondere Malebranche's), und diess theils freiwillig, theils gegenüber von vertheidigenden Einwänden okkasionalistisch Gesinnter; man vergleiche z. B. 152ª, 155ᵇ, 156ª, wo ausdrücklich die lex olim lata oder „des lois générales" als okkasionalistische Lehre eingeräumt werden. Andererseits haben wir im obigen Verlauf hinreichend Stellen angeführt, welche seine ungünstigere Meinung von der betreffenden Lehre enthalten. Und zwar fallen beide Auffassungen nicht etwa zeitlich auseinander, so dass er, wie man zunächst denken könnte, früher eine unvortheilhaftere, später aber durch eigene Studien und fremde Einwände veranlasst eine bessere Ansicht gehabt hätte. Sondern sie laufen, wenn man die Chronologie der betreffenden Aufsätze verfolgt, fortwährend durcheinander oder finden sich gar in Einem und demselben Aufsatz. Letzteres ist besonders charakteristisch in einer Abhandlung noch aus dem Jahre 1714 der Fall, wo einerseits gesagt wird: Je ne trouve pas que les sentiments du P. Malebranche soient trop éloignés des miens. Le passage des causes occasionelles à l'harmonie préétablie ne parait pas trop difficile — andererseits findet sich ein paar Zeilen weiter unten der oben citirte Vorwurf gegen den Malebranche'schen Okkasionalismus, dass in ihm ein „déranger les lois des corps par Dieu" stattfinde [1]).

Und so wären also meine früheren Beschuldigungen gegen Leibniz hinsichtlich der Darstellung und Beurtheilung des Okkasionalismus in Nichts zusammengesunken? Denn die blose Nichtnennung des Geulinx, abgesehen von der angeblich unbilligen Charaktorisirung

---

1) O. p. 707ᵇ.

seiner Lehre durch den zweiten Fall des Uhrengleichnisses, bezeichnete ich oben selbst als sehr müssiges Versehen oder Vergehen!

Die gediegenen sachlichen Einwendungen bewährter Männer haben mich zur abermaligen genauen Prüfung des Thatbestands veranlasst, welcher offenbar ziemlich „verflixt" ist, so dass sogar ein Leibniz daraus „nihil certi exsculpere potuit". Auf Grund dessen kostet es mich nun im Blick auf meine eigene frühere Darstellung nicht die geringste Überwindung, in doppelter Hinsicht ein Zugeständniss zu machen.

Erstens zur Sache hätte ich seinerzeit die apologetische Ausführung für Geulinx, welche allerdings geschichtlich zunächst Noth that, und die ebenso vorhandene kritisch-beschränkende Erklärung gegen ihn und den Okkasionalismus überhaupt weniger schroff auseinanderfallen lassen sollen; sondern es wäre bereits bei dem ersten Punkt stärkere Rücksicht auf den andern zu nehmen gewesen, während ich inhaltlich Beide als wesentlich richtig noch jetzt festhalte [1]. Allein das Geschäft des Vertheidigens ist ja, wie man von unseren Schwurgerichten her weiss, der Gefahr des Allzuweisswaschens gar sehr ausgesetzt, wie umgekehrt dem Staatsanwalt diejenige des Allzuschwarzmalens allzu nahe liegt, so dass die Eine oder andere Überschiessung des Ziels zum beiderseitigen Begriff und Amt zu gehören scheint. Ob meinem Opponenten nicht theilweise in seiner Art und in anderen Beziehungen etwas Analoges passirt ist?

Was aber zweitens das wichtigere Persönliche, nemlich von Leibniz, betrifft, so muss oder darf ich vielmehr, wie bereits wieder-

---

[1] Hinsichtlich dieses formellen Fehlers waren meine beiden Hauptkritiker, indem sie ihn passiren liessen, milder gegen mich, als ich es hier selbst bin.

holt angedeutet, die Ausdrücke als zu scharf und unter allen Umständen nicht völlig gerecht retrahiren, in welchen ich meine Beschuldigungen formulirte. Dahin gehört, wenn ich sprach von „absichtlichem Verschweigen — ungehöriger Absichtlichkeit — erschwerendstes Verdachtsmoment — unbillige Entstellung und Verschlechterung des Okkasionalismus in dem Uhrenbild, um einen leicht anschaulichen Unterschied desselben von der eigenen Theorie herauszubringen".

Ich hätte dem ganz richtigen Gefühl weit bestimmteren Ausdruck geben sollen, das mich im Grund genommen leitete, wenn ich zweimal von einem „Geniren" Leibnizens namentlich vor dem grossen Publikum bei einem in der Hauptsache guten Gewissen sprach. Sein eigener psychologischer Grundbegriff des Un- oder Halbbewussten mit seinen tausenderlei Stufen und Graden ist ja gewiss ein überaus lebenswahrer. Und darnach ist es ein grosser Unterschied, ob man in kalter Praemeditation und mit bestimmtem Bewusstsein der Gründe sich ausdrücklich vornimmt, Etwas nicht zu erwähnen, oder ob man in einer mehr oder weniger unbestimmt bleibenden, vor sich selbst nicht so recht eingestandenen Antipathie oder „gêne" an Etwas vorbeigeht, das man ganz streng genommen erwähnen könnte und sollte. Wer weiss nicht aus vielfältiger persönlicher Erfahrung von diesem psychologischen Sachverhalt, der wohl auf ebensoviele Fälle eines eigentlich nicht sein sollenden literarischen Ignorirens zutrifft, als die klar bewusste Absichtlichkeit, und worin sicherlich ein recht bescheidenes Mass von mala fides involvirt ist, so dass von einem richtigen „ins Gewissen schieben können" kaum mehr die Rede sein dürfte.

Verweilen wir noch einen Augenblick bei dem letztgenannten Ausdruck von einer „unbilligen Entstellung und Verschlechterung des

Okkasionalismus jedenfalls dessen, welcher zuerst gerade das Uhrenbeispiel brauchte, um einen leicht anschaulichen Unterschied desselben von der eigenen Theorie herauszubringen". Sicherlich ist diess die bedenklichste unter meinen anstössigen Formulirungen; aber sie betrifft zugleich auch den sachlich bedenklichsten Punkt der ganzen Verhandlung. Hier hätte ich nur sagen sollen, wie oben ungefähr geschah: die Leibnizische Bekanntschaft mit dem Geulinxischen Bilde und seinem dortigen Gebrauch natürlich zugestanden, war es zum Mindesten eine recht unglückliche und wenig natürliche, ja eine seltsam verdrehte und darum entschieden ungehörige Kampfweise, die schlechtere Seite des Okkasionalismus, welche immerhin in öfters wiederkehrenden Ausdrücken und weiterhin auch in der Konsequenz nicht abzuleugnen ist, just an eine Modifikation desselbigen Bildes anzuknüpfen, welches seiner Zeit ganz sicher dessen bessere und beste Seite zu illustriren von seinem Urheber bestimmt gewesen war. Unter allen Umständen aber hätte hier Leibniz, wenn er überhaupt das Bild in solcher Weise brauchte, offen mit dem Namen des Geulinx herausrücken und sagen sollen, dass der Niederländer zwar einst selbst diess Gleichniss und zwar im günstigsten Sinne gebraucht habe, aber in Wahrheit aus diesen und jenen Gründen kein Recht besitze, es so für sich anzuwenden. Damit wäre dann auch diesem Manne Gerechtigkeit erwiesen gewesen, wie das sonst Leibnizens Brauch sogar in ungewöhnlichem Masse war; und die damit verbundene klare Unterscheidung zwischen weit besserer Absicht oder Ahnung, und schlechterer Ausführung oder Konsequenz hätte in loyaler Weise mit Einem Schlage aller Zweideutigkeit wissenschaftlicher und moralischer Art ein Ende gemacht.

Bei diesem immerhin reduzirten Masse von Beschuldigung, welches aber gerade einem Leibniz gegenüber doch noch bedauerlich wäre, müsste ich nun allerdings verbleiben. Ich bin auch überzeugt, dass analog dem Gefühle früherer Zeiten wenige Unbefangene, welche sich den bisherigen Sachverhalt recht klar machen, einen anderen Eindruck haben können, ob sie nun angesichts der Grösse von Leibniz den Muth, meinethalb die kalte Keckheit besitzen oder nicht, diesem Eindrucke zugleich greifbaren Ausdruck zu verleihen. Hieran dürfte auch Eucken's jüngster apologetischer Versuch nichts ändern. Denn trotz aller Entschiedenheit, mit welcher er für Leibnizens völlige Makellosigkeit in unserer Frage eintreten zu müssen glaubt, sind auch bei ihm für dieses gewiss sehr wünschenswerthe Resultat die wahrhaft befriedigenden Beweise entschieden zu vermissen.

Die stets betonte Voraussetzung bei alle dem, oder der nervus probandi et accusandi war natürlich die Annahme, dass Leibniz nicht nur von Geulinx überhaupt gewusst und einigermassen an ihn gedacht, sondern dass er ganz besonders das unglückliche Uhrengleichniss in seiner spezifisch Geulinx'schen Verwendung gekannt habe. Ob zugleich eine Entlehnung desselben vorliege oder nicht, ist nach der mehrfachen früheren Ausführung sehr unbedeutsam. Dagegen bleibt die Leibniz'sche Kenntniss desselben und seiner originalen Tendenz nach meiner Ueberzeugung in der That genau das punctum saliens der ganzen Diskussion, während mir die Abschwächung dieses Punkts in den Einwendungen gegen mich [1]) nur wieder von der

---

[1]) Vergl. z. B. Eucken a. a. O. 536 f.

Sache abzuführen scheint, welche doch einmal gründlich aufgeklärt werden sollte.

Ob nun aber jene fundamentale Annahme selbst nothwendig ist?

Soweit sich die mir gemachten Einwürfe wenigstens unter Andrem gleichfalls mit dieser Kardinalfrage unseres Zusammenhangs beschäftigen, erwähnen sie Manches, was sich ohne Zweifel hören und benützen lässt. Im Ganzen aber sind sie dabei trotzdem lange nicht scharf und durchgreifend genug, um ihrem Zweck zu genügen, sondern bewegen sich, wenn ich so sagen darf, doch mehr nur in apologetischen Allgemeinheiten, welche nicht auf die Dauer beschwichtigen und den Anstoss aus der Welt schaffen würden. Diess Letztere aber glaube ich nun meinerseits in einer Weise leisten zu können, wie sie für derartige Wahrscheinlichkeitsrechnungen als völlig genügend wird bezeichnet werden dürfen. Was ich im Auge habe, liegt offenbar schon bei Erdmanns obenerwähnten Zweifeln, insbesondre aber bei Dubois-Reymond's Wiederaufnahme derselben gewissermassen in der Luft und schwebt den Betreffenden vor. Im nunmehrigen Besitze auch von Berthold's werthvollem Quellenmaterial habe ich also nur die Sache bestimmt und ohne alsbaldige Wiederablenkung aufzunehmen und ganz konsequent zu verfolgen.

Hätten wir es mit einem anderen Manne, als gerade mit Leibniz zu thun, so wäre die ganze Untersuchung nahezu gegenstandslos. Erhält sie doch, wie gebührender Weise gleich zu Eingang gesagt wurde, überhaupt ihr relatives Mass von Werth oder vielleicht ihre Nothwendigkeit trotz des verhältnissmässigen Bagatells schliesslich nur durch das Interesse für die sittliche und wissenschaftliche Grösse unseres deutschen Philosophen. Würde nun ein sonstiger Gelehrter zur fraglichen Zeit, im letzten Drittel des siebenzehnten Jahrhunderts, ein Mann von geistigem Mittelschlag bei seinen Beschäftigungen und kritischen Arbeiten in Bezug auf den Kartesianismus und Okkasionalismus den Geulinx nicht genannt haben, so würden wir, unsererseits darauf aufmerksam geworden, dennoch weder theoretisch, noch moralisch ein Arg darin finden, sondern einfach denken, dass er denselben eben nicht gekannt oder auch als einen nach damaliger Taxation noch wenig Hervorragenden aus der Masse der kartesianischen Okkasionalisten zu erwähnen zufällig vergessen habe, zumal wenn er keine Statistik und Geschichte der okkasionalistischen Schriftstellerei als solcher zu liefern beabsichtigte. Hätte es sich noch weiter gefügt, dass er sogar in dem Uhrenbilde und meinethalb sogar genau auf Leibnizische Weise faktisch mit dem Niederländer zusammengetroffen wäre, so wäre das uns vielleicht bemerkenswerth; aber zu einem Verdachte nennenswerth bewussten Zusammenhangs würden wir uns immer noch nicht veranlasst sehen, sondern im Zweifelsfalle ruhig ein Spiel des Zufalls darin erblicken. Denn Alles, selbst auf dem beschränkteren Boden seines Arbeitsgebiets, kann ja der gewöhnliche Mensch wahrhaftig nicht lesen, geschweige denn behalten. Vollends bei Büchern aus dem Ausland, bei Sachen von einem früh verstorbenen Verfasser, der durch keine persönlichen Beziehungen mehr im Kurse steht, ist ein Nichtkennen und Übersehen weitaus das Wahrscheinliche.

Alle diese Erwägungen treffen nun aber nach allgemeinem Zugeständnisse auf Leibniz nicht zu, oder es gestaltet sich wenigstens bei ihm dasselbe zum überwiegend unwahrscheinlichen, was wir bei den meisten Andern als beinahe allein wahrscheinlich angenommen haben würden. Wer also hierauf seine Vertheidigung in unserer Frage gründen wollte, der würde sich an unbestimmte, wenn gleich unbestreitbare Möglichkeiten halten und doch eigentlich mit Alltagsargumenten operiren, welche bei Leibniz Niemand auf die Dauer überzeugen werden.

Jedermann kennt die fast absolute Belesenheit dieses „lebendigen Dictionärs", und zwar als eine Belesenheit so ziemlich auf allen Gebieten und in allen Zeiten. Und was er las, das fasste er natürlich auch mit Verständniss auf und behielt es nahezu unfehlbar. Ausdrücklich wird berichtet, dass er sich beim Lesen zwar Exzerpte gemacht, dieselben aber nie mehr anzusehen nöthig gehabt habe, weil er die Sache unverlierbar im Kopf konservirte.

Dazu kommt fürs Zweite der ebenso bekannte, eigenthümlich affable Zug seiner lebensvoll versatilen und irenischen Natur. Hienach that er in der beständigen Anknüpfung von persönlichen und literarischen Beziehungen oder in konziliatorischen Auseinandersetzungen fast möchte ich sagen mit Crethi und Plethi des Guten eher zu viel, als zu wenig. Würde man es darauf anlegen, so liessen sich aus seinen Schriften viele Tausende literarischer Namen von den ersten Grössen an bis zu den dii minimarum gentium herab aufzählen, welche er gelegentlich genannt und besprochen; eine kleine Probe gibt z. B. bereits der Aufsatz de stilo philosophico Nizzolii O. p. 55 ff., der sich allein schon mit seiner Unmasse von Namen fast wie ein Schriftstellerverzeichniss aus allen Zeiten und Ländern ausnimmt.

Angesichts dessen gilt es, um endlich reinen Tisch zu machen, ein resolutes Entweder — Oder! Ich möchte dasselbe so formuliren: Entweder war die Geulinxsche Ethik mit ihrem dreimal wiederholten, also nicht übersehbaren Uhrenbeispiel zu jener Zeit im öffentlichen Umlauf, dann hat wenn Einer so unser deutscher Philosoph in Anbetracht seiner eben geschilderten Eigenart sicher einmal Kenntniss davon genommen — und bei dem oben vorläufig gegebenen Resultate unserer Beurtheilung seines Verfahrens müsste es sein Bewenden haben, falls man überhaupt mit dem Wahrscheinlichen rechnen will.

Oder aber war die Geulinxsche Ethik mit dem punctum saliens des Uhrenbilds damals überhaupt noch nicht erschienen. In diesem Fall konnte selbstverständlich sogar ein Leibniz nichts davon wissen, und jeder Verdacht gegen ihn ist definitiv grundlos, sofern dann das so eigenthümliche Zusammentreffen Beider nur für u n s, aber nicht für ihn selbst vorhanden war.

Sollte sich vielleicht diese letztere Seite unseres Dilemma's nicht etwa blos halten, sondern sogar zu einem hohen Grad von Wahrscheinlichkeit erheben lassen? Diess ist es, auf was ich jetzt lossteure.

Auf den ersten Blick scheint das freilich ein völlig aussichtsloses Bemühen zu sein, indem bekannt und unzweifelhaft ist, dass Geulinx selber seine Ethik schon im Jahre 1665 herausgegeben hat. Seine Dedikation an einige hervorragende Männer des Magistrats von Leiden datirt vom 27. Juli dieses Jahres. Allein ich betonte im obigen Dilemma stets: „die Geulinx'sche Ethik mit dem punctum saliens des Uhrenbeispiels". Hier streifte wiegesagt schon Erdmann und Dubois-Reymond hart an die Hauptsache an; aber der Faden entschlüpfte ihnen wieder, indem sie nur an die nichthaltbare eventuelle Unächtheit der Uhrennote dachten. Wir wissen, dass sie Geulinx gehört, halten uns jetzt aber an die Frage ihrer Publikation im Verhältniss zum Text. Ob nicht am Ende Noten und Text in diesem Punkte zu trennen und gesondert zu behandeln sind? In meinem früheren Schriftchen hob ich selbst ausdrücklich hervor, dass sich das berühmte Bild bei Geulinx zwar dreimal, aber stets nur in den Noten (des ersten Theils) finde, während im Texte blos ein bedeutungsloses andere steht. Die Einwendungen gegen mich haben diese Bemerkung, sowie die ähnlichen Winke anderer nicht aufgenommen, obgleich sich an sie anknüpfen lässt, wie ich es nunmehr thue.

Wie wäre es nemlich, wenn wir annehmen würden, dass die Originalausgabe von Geulinx selbst im Jahre 1665 überhaupt nur den Text, und zwar bekanntlich blos des ersten jedoch wichtigsten Theils der Ethik, aber noch nicht die Noten enthalten habe?

Am besten stünde es natürlich, wenn es gelänge, diese Originalausgabe von 1665, beziehungsweise auch ihre etwaigen Wiederabdrücke aus den folgenden Jahrzehnten leibhaftig in die Hand zu bekommen. Alsdann wäre die eben aufgeworfene Frage absolut sicher beantwortbar. Mir selbst ist jenes trotz meiner Bemühungen seither nicht gelungen; indessen möchte ich meine Fachgenossen bitten, gelegentlich ein Auge darauf zu haben; vielleicht dass sich doch noch irgendwo in Deutschland oder namentlich in Holland und Belgien ein Exemplar auffinden lässt. Dafür spricht als Analogie der glückliche Zufall, welcher Berthold zu seinem unicum einer Bontekoe'schen Ausgabe von 1683 kommen liess, während bisher wir andern Alle auf solche von 1691 und besonders von 1709 angewiesen waren. Einstweilen jedoch müssen wir uns an die gewöhnlichen Gesichtspunkte der literarischen Konjekturalkritik halten.

Und da meine ich nun zuerst, dass für meine Hypothese der

posthumen Publikation der Noten vor Allem schon die ganze Natur sämmtlicher Anmerkungen als solcher in hohem Grade spricht. Sie machen in ihrer Ungleichheit und Weitschweifigkeit, mit ihrer ermüdenden, in unserem Fall sogar dreimaligen Wiederholung u. s. w. völlig den Eindruck, als ob sie gar nicht vom Verfasser selbst redigirt worden wären. Denn ein solches Brouillon wagt doch eigentlich kein Autor dem Publikum zu bieten, zumal keiner, der sonst auf eine eigenthümliche Prägnanz und pointirte Eleganz des Ausdrucks hält, wie Geulinx. Vielmehr präsentiren sie sich genau wie notae posthumae aus diversen Notizblättern oder namentlich auch aus verschiedenartigen Kollegnachschriften von Zuhörern des Betreffenden (analog der philosophischen Ethik von Schleiermacher). Wahrscheinlich zugleich auf diese Noten, und nicht blos auf den posthumen Text des 2ten bis 6ten Theils der Ethik, welcher jedenfalls wie andere opera posthuma des Philosophen auf diesem Weg zusammengebracht wurde, bezieht sich wohl auch die Bemerkung der Typographen in meiner Ausgabe, wenn sie sagen: Difficile fuit opus hoc ita numeris omnibus absolutum, prout ceruis, exhibere, cum autographo destitutis ad diversa ex viva ejus institutione rapta confugiendum esset manuscripta, quae interdum in diversos totoque errantes coelo sensus raperent Lectores; unde non mirum est editiones praecedentes licet diligenti cura editas, innumeris tamen scatere mendis, hiare, abundare, variare. Sed difficultatem hanc — Flenderi solertia superavimus.

Mit diesem immanenten Argument für die posthume Natur der Noten trifft nun aber für's Andere ein äusseres Zeugniss glücklich zusammen, welches uns zugleich in den Stand setzt, mit hoher

Wahrscheinlichkeit das Jahr ihrer erstmaligen Publikation zu bestimmen.

Diess äussere Zeugniss ist zu finden in den drei Notenausgaben der Ethik aus verschiedenen Jahren, welche uns schon heute vorliegen, insbesondere in den wichtigen Herausgebernotizen, welche dieselben mit einigen bemerkenswerthen Varianten enthalten. Mir zwar steht aus den beiden hiesigen Bibliotheken, sowie von Stuttgart nur je ein Exemplar der Flender'schen Ausgabe, Amsterdam 1709, zur Verfügung, welche nach ihrem Titel als etwas verbesserter Wiederabdruck der erstmals die ganze Ethik gebenden Editionen von Bontekoe-Philaret lange nach dem Tode des Geulinx bekannt ist [1]). In der gleichen Lage mit mir waren auch Erdmann [2]) und Ritter [3]), wie es scheint auch Dubois-Reymond [4]). Dagegen lag für Sigwart bei seinem mehrerwähnten Schriftchen eben diese ältere Ausgabe von Philaret selbst aus dem Jahre 1691 vor [5]). Indem Zellers Besprechung meiner früheren Broschüre aus Bertholds Notizen nur solches hervorhob, was meine eigenen Aufstellungen theils bestätigte, theils für den Hauptpunkt mir nicht durchschlagend schien, dagegen Berthold's Besitz einer noch älteren Ausgabe nicht erwähnt hatte, so kam ich erst vor Kurzem dazu, jene Berthold'sche Einreichung bei der Berliner Akademie

---

1) Die Dedicatio Philareti, welche von den verschiedenen späteren Ausgaben, auch meiner Flenderschen wieder abgedruckt ist, sagt von der ersten Philaretausgabe: Primam partem edidit (Geulinxs); reliquas nunc etiam litterato orbi communicandas esse necessum duci.

2) Gesch. der Philos. II, 26.

3) XI, 106.

4) Monatsber. der Berl. Ak. 1874. S. 562.

5) A. a. O. 50. 149 ff.

mir selber anzusehen und so erstmals von dieser letzteren Ausgabe zu erfahren, nachdem ich bereits die folgende Deduktion im Wesentlichen aus den Notizen Sigwarts konjektirt hatte. Selbstverständlich knüpfe ich sie nun aber an dasjenige an, was Berthold aus seiner noch älteren Ausgabe von 1683 in werthvoller Weise beibringt, indem ich zugleich die Winke der Sigwart'schen und der meinigen benütze.

Der vollständige Titel der Ausgabe von 1683 lautet, soweit er für uns in Betracht kommt, folgendermassen: Γνῶθι σεαυτόν sive Arnoldi Geulincs (dum viveret) med. et philos. doctoris — — Ethica. Post tristia autoris fata Omnibus suis partibus in lucem edita — per Philarethum. Lugd. Batav. Apud Johannem de Vivie 1683. 2 part. 25 fol. 280 et 195 p. 12º [1]).

Weiter spricht sich hier der Verleger in einer Vorrede darüber aus, was in dieser Ausgabe von ihm geleistet worden sei: Tractatui ethico primo, quem ante plusculos annos typis describi ipse autor curaverat, jam apposuimus Notas amplissimas ad interpretationem textus, et apposuimus cifras vulgo dictas: sed ubi Litteras a b c textus (textui?) insertas videris, non notas auctoris esse cogita, sed explicationes uberiores etc. [2]).

Es kann nun kaum einem Zweifel unterliegen, dass dieses Berthold'sche Exemplar von 1683 die älteste Philaretusausgabe der vollständigen Ethik repräsentirt, wenn auf dem Titel so schlechthin gesagt wird: Post tristia autoris fata Omnibus suis partibus in lucem edita per Philaretum, während die Sigwart'sche Philaretusausgabe

---

[1]) Monatsberichte d. B. A. 1874. 563 Anm.
[2]) A. a. O. 563 f. — Den hier entbehrlichen Schluss der typograph. Bemerkung gaben wir schon früher S. 11.

von 1691 bereits ausdrücklich bemerkt: Edita per Philaretum. Editio prioribus auctior et emendatior Amstelaedami 1691.

Ganz damit, dass wir nicht wohl früher, als etwa 1683 die erste Herausgabe durch Philaret anzusetzen haben, stimmt die, wie schon bemerkt, auch in meiner und der Sigwart'schen Ausgabe wiederabgedruckte, offenbar ursprüngliche Dedicatio Philareti an den jetzt hochbetagten (in extrema senectute befindlichen) Heidanus, des Geulinx früheren Gönner und Beschützer. Von letzterem redet sie immer als von einem schon beträchtlich lange Verstorbenen und lässt durchblicken, dass sie sich zu der vollständigen Ethikausgabe nur durch die immer dringendere Noth der Zeit (also wohl zögernd und spät) habe bestimmen lassen.

Die Hauptsache für unseren Zusammenhang ist aber weiterhin die Verlegerbemerkung des Berthold'schen Exemplars hinsichtlich der Noten: Tractatui ethico primo, quem ante plusculos annos typis describi ipse auctor curaverat, jam adjunximus notas amplissimas ad interpretationem textus [1]). Dieselbe Bemerkung ist, soweit ich sie hier gebe, auch noch in der Sigwart'schen Edition von 1691 fortgeführt, während offenbar das nähere Avis über den Unterschied der Buchstaben und Zahlziffern bereits als ein für alle Mal geleistet weggefallen ist. Mich hat wie gesagt eben diese Sigwart'sche, mir zuerst allein bekannte Notiz auf meine Hypothese gebracht. Wäre dieselbe von den Herausgebern gleich anderen Stücken [2]) auch noch in die Flender'sche Ausgabe von 1709 übernommen worden, welche notorisch den meisten deutschen Bearbeitern des Geulinx und

---
1) A. a. O. 564.
2) Z. B. Dedicatio und Vorwort von Geulinx, Dedicatio von Philaret an Heidanus.

unserer Frage allein zur Verfügung stand, so wären sicherlich schon Ritter, Erdmann, Dubois-Reymond und Andere zur gleichen, so naheliegenden Konjektur wie ich hinsichtlich der Publikation des Uhrengleichnisses gekommen, während ihnen die Anmerkung in der kleinen Monographie Sigwart's und vollends Berthold's Angaben mehr als leicht entgehen konnten oder früher einfach unzugänglich waren.

Nehme ich nun die Berthold'sche, bei Sigwart theilweise wiederholte Bemerkung einfach und unbefangen, wie sie lautet, so ist hier doch wohl mit klaren Worten gesagt, dass die Notae erstmals in der auch textlich ersten Totalausgabe der Geulinx'schen Ethik von 1683 beigefügt worden sind und vorher keine sich fanden. Sonst müsste es nothwendig heissen: jam adjunximus notas (multo) ampliores, und überhaupt müsste in dem Zusammenhang der sattsam ausführlichen Deklaration hinsichtlich der Noten wenigstens eine Silbe über vorher schon vorhandene, von Geulinx selbst seiner Ethik von 1665 beigegebene Noten gesagt sein.

Als Nebenbeweis dafür, dass die Ausgabe von 1683 erstmals diese, den Text des ersten Theils weit überwiegende Bereicherung durch die Noten geliefert hat, darf ich vielleicht auch die Bemerkung aus der Dedicatio Philareti an Heidanus anfügen: Quomodo, qui in vilioribus tibi quondam placuit Geulingius, in hisce gravioribus poterit displicere, vir ubique sibi similis? Diese Betonung eines sehr erheblichen Werth- und Stattlichkeitsunterschieds zwischen der jetzigen und den früheren Ausgaben erklärt sich gleichfalls am besten, wenn die Originalausgabe des ersten, jedoch bereits wichtigsten Theils von 1665 ff. nur den verhältnissmässig mageren Text besass.

Hat der Leser die Geduld gehabt, mir durch das Gewirre obigen, ziemlich minutiös erscheinenden literarhistorischen Details zu folgen, dann wird er soviel zugestehen müssen: Meine Hypothese, welche von der herrschenden bisherigen Annahme abweicht und im Unterschied vom Text der Geulinx'schen Ethik eine weit spätere Publikation sämmtlicher Noten, also auch des Uhrengleichnisses annimmt, ist durch eine Reihe von greifbaren Data hinreichend gestützt, und keineswegs blos durch allgemeine Gesichtspunkte, resp. durch den Wunsch einer möglichst günstigen Sachlage für Leibniz empfohlen; sie besitzt soviel Wahrscheinlichkeit, als man in derartigen Fragen verlangen kann.

Indem sie die Veröffentlichung des fraglichen Hauptpunkts jedenfalls um achtzehn Jahre später datirt, dürfte als nachträglicher Beitrag zu ihren Gunsten noch ein weiterer Umstand anzuführen sein, welcher sich mit ihr ebenfalls am einfachsten erklärt. Schon Eucken hat in seinen Einwendungen gegen mich mit vollem Recht auf dieses allerdings nicht unwichtige Moment hingewiesen, aber ohne den Gedanken genügend zu verfolgen oder ausgiebiger zu verwerthen. „Immerhin ist es beachtenswerth, sagt er [1]), dass in dem Streit über den Okkasionalismus Niemand Geulinx den Urheber des Bildes nannte, dass Bayle, der sehr gerne auf Fragen literarischer Priorität eingeht, dasselbe in eingehender Erörterung wie ein Leibniz'sches behandelt (s. 2480 „Rorarius"). Erst in der Schrift von Andala de unione mentis et corporis physica neutiquam metaphysica, Franecker 1724 findet sich darauf hingewiesen, dass Leibniz dasselbe Uhrenbild gebraucht habe, wie Geulinx: notatu dignum est, eodem simili a duplice

---

1) A. a. O. 536 f.

horologio petito in eundem finem quoque usum esse illustrem Leibnitium S. 26 — ohne dass aber desswegen eine Entlehnung behauptet wird." Nun, was das Letztere betrifft, so ist gerade bei einem so gehässigen und niederdenkenden Feinde des Geulinx, als was ihn Eucken zu schildern weiss, auch wenn ihm der Gedanke einer Entlehnung gekommen wäre, zum voraus keine Wendung der Sache zu Gunsten des Gehassten anzunehmen gewesen.

Dagegen ist unverkennbar, dass die auch von Sigwart[1]) erwähnte Aeusserung der Encyclopädie durchaus im ungünstigen Sinne gemeint ist, wenn es im Artikel „Harmonie préétablie" ausser der Hinweisung auf Malebranche und Spinoza als Vorgänger Leibnizens noch weiter heisst: Il y a surtout un passage dans Genlinus (Eth. tract. I, sect. II nro 7 — eben das Uhrengleichniss!), qui derobe à Leibniz presque toute la gloire d'invention.

Wir sehen aus alle dem, dass ungefähr erst vom zweiten Dezennium des achtzehnten Jahrhunderts an das Uhrengleichniss des Geulinx in weiteren Kreisen bekannt zu werden beginnt. Bestand nun auch das Publikum nicht aus polyhistorischen Leibnizen, so wäre doch in Ersatz der Qualität durch die Quantität aus der Masse desselben höchst wahrscheinlich wenigstens irgend Einer schon früher auf jene Koincidenz gestossen; und dann hätte es sich die Verkleinerungs- und Scheelsucht, welche gegen den grossen Mann bekanntlich so äusserst rege war, sicherlich nicht nehmen lassen, wonnevoll und sobald als möglich den Uhrenfund an die grosse Glocke zu hängen — wenn er überhaupt gegen Ende des siebenzehnten und Anfang

---

1) A. a. O. 167.

des achtzehnten Jahrhunderts so leicht zu machen gewesen wäre! Das Edirtsein der Noten weit später, als man seither annahm, gibt die beste Erklärung dieses allgemeinen Schweigens. Denn es begreift sich, was zum Beweise noch gehört, dass eine blose neue, ziemlich nachlässig posthume [1]), ob auch erweiterte Edition ihren Weg in die literarische Welt ganz unverhältnissmässig langsam fand. Wir alle kaufen oder lesen neue Auflagen von Büchern, die wir in der ersten Ausgabe durch- oder abgemacht haben, doch nur in dem Fall, wenn uns schon die erstmalige Lektüre aus irgend einem Grund ganz ungewöhnlich interessirt hat. Das Publikum, welches seit 1665 Gelegenheit gehabt, die Geulinx'sche Originalethik zu erwerben und zu studiren, hatte zunächst und auf länger hinaus kein Bedürfniss, nach den späteren Ausgaben aus zweiter und dritter Hand zu fragen. Ausserhalb der engsten, besonders theologischen Kreise Hollands wird

---

[1]) Vgl. was wir früher über den dissoluten Charakter der Noten bemerkten und als eigenes Geständniss der Herausgeber über die Schwierigkeit anführten, aus diversen Nachschriften einen erträglichen Text (besonders) für Theil II—VI der Eth. herzustellen. — Wie es scheint, wurde die Notenausgebung, nachdem einmal 1683 der Anfang gemacht war, in den folgenden Ausgaben, namentlich auch in der Flenderschen von 1709 noch einigermassen fortgesetzt. Ich schliesse dies aus dem, auch für unseren Zusammenhang nicht ganz unbedeutsamen Umstand, dass meine Ausgabe von 1709 das Uhrengleichniss in einer Hauptnote, S. 124, und ausserdem noch hinreichend prägnant in zwei weiteren Noten, S. 140 und 154, also dreimal bringt oder doch erwähnt. Wenn sowohl Sigwart von 1691, als Berthold von 1683 nur ein einmaliges Vorkommen des Gleichnisses erwähnen, allerdings aber die Hauptstelle 124, so wäre mir das gerade in ihrem Zusammenhang, der sich um gar nichts anderes als dies dreht, sowie bei der sonstigen Pünktlichkeit namentlich des Letzteren in der Stellenanführung kaum begreiflich, falls in ihren Ausgaben gleichfalls schon mehr vorgelegen wäre. Habe ich mit dieser Vermuthung Recht, so würde wenigstens die dreimalige Markirung des fraglichen Bilds für den Leser gar erst aus dem Jahre 1709, und nicht schon von 1683 datiren.

man sogar Dezennien lange gar. nichts davon gewusst haben, dass etwas derartiges nachträglich erschienen sei.

In dieser Form und unter der vorgetragenen neuen Voraussetzung findet das sonst unbrauchbare Argument des Nichtkennens mit seiner so einfach entscheidenden Kraft auch auf einen Leibniz seine volle Anwendung. Denn hiemit ist das scheinbar Unmögliche möglich geworden, mit derselben hohen Wahrscheinlichkeit sein Kennen von Geulinx und zugleich sein Nichtkennen desselben, nemlich seine Unbekanntschaft eben mit den fraglichen Hauptstellen in den Noten zu behaupten. Genau damit hatte sich Sigwart in der oben citirten Stelle geplagt, wenn er das „nicht glauben können und doch wieder glauben müssen" einer solchen Nichtkenntniss betonte.

Ich denke mir nemlich die soeben behauptete doppelte Wahrscheinlichkeit genauer so: Sicher hat Leibniz auch von Geulinx dessen bei Lebzeiten erschienenes einziges Hauptwerk, die Ethik, aus der Ausgabe von 1665 oder einem späteren notenlosen Abdruck vor 1683 gelesen. Dieser Beisatz „vor 1683" (Notenausgabe von Philaret) ist keine willkürliche Behauptung in's Blaue hinein oder ohne Anhalt. Denn gerade die Jahrzehnte von 1660—80 waren Leibnizens Hauptlernzeit, während welcher sich sein System im bewusstesten Gegensatz zum Kartesianismus allmählig herausbildete, also natürlich auch rezeptiv seine Kenntnissnahme von der kartesianischen Literatur am lebhaftesten war. Ausdrücklich ist sogar bekannt, dass sein geflissentlichstes Studium dieser Philosophie in die Zeit seines vierjährigen Pariser Aufenthalts von 1672—76 fällt. Nun weiss man, dass derselbe in erster Linie durch politische Zwecke und Missionen veranlasst war. Aber eben diese lenkten, neben einem kurzen Besuch in England 1673, seine Aufmerksamkeit und sein persönliches Interesse mit ganz besonderer Lebhaftigkeit zugleich auf Holland, welches damals in erster Linie durch Frankreich bedroht war und in dessen Sache unser Leibniz wahrscheinlich sogar schriftstellerisch wirkte [1]). Auf der Rückkehr in die Heimath, welche Ende des Jahres 1676 erfolgte, kam er bestimmt durch Holland und besuchte u. A. Spinoza wenige Monate vor dessen Tod. Wenn er also irgendwann auch Kenntniss von dem Niederländischen Kartesianer Geulinx nahm, so werden wir ohne Unvorsichtigkeit die Mitte der siebenziger Jahre dafür ansetzen dürfen; und das genügt für unseren Zweck völlig, da wir nur dem Jahre 1683 ff. ferne zu bleiben haben. Hatte er dann Geulinx aus der notenlosen Ethik studirt, so hatte er später wahrlich mehr zu thun und umfassendere Interessen, als sich auch mit der oder den neuen Auflagen derselben bekannt zu machen, falls er je von ihnen erfuhr. Denn das behaupte ich durchaus nicht, dass die bruchstückartige Ethik von 1665 ohne die Anmerkungen den Anspruch erheben konnte, seine ganz besondere Aufmerksamkeit auf sich zu ziehen und andauernd wach zu erhalten, um ihrem successiven Wachsthum in erweiterten Herausgaben geflissentlich nachzugehen. Ihr war wenigstens vom metaphysischen Gesichtspunkt aus, der hier allein in Betracht kommt, mit der obigen Insgemeinbefassung „et alii Cartesiani" genug Beachtung erwiesen. War doch überdiess ihre bessere Tendenz, wenn wir von den Noten absehen, durch Malebranche viel ausführlicher vertreten, der bis 1714 lebte und sein Hauptwerk gleichfalls

---

[1]) Vgl. mein früher erwähntes Buch „Leibniz als Patriot" S. 104 ff. und für den letzteren Punkt besonders „Leibniz als Verfasser von zwölf anonymen politischen Flugschriften" S. 17 und 35.

schon 1674 erscheinen liess; dieses aber wurde von Leibniz in der That genügend oft besprochen.

Eine analytisch einfache Konsequenz des bisher Entwickelten ist natürlich nun auch der Nebenpunkt, dass Leibniz hiernach das Uhrenbild ausdrücklich nicht von Geulinx entlehnt hat, wie bisher von den Meisten theils behauptet, theils wenigstens als Möglichkeit in suspenso gelassen wurde. Woher aber dann? An und für sich könnte ich diess als eine mehr denn entbehrliche Frage kurzweg abweisen, da wir einem Leibniz doch wohl zutrauen dürfen, selbst und in voller Originalität auf einen notorisch so naheliegenden Vergleich zu verfallen.

Und dennoch möchte ich jene Frage aufnehmen, von welcher die ganze Untersuchung dieses Punkts von jeher auszugehen pflegte. Denn sie gibt uns erwünschte Gelegenheit, in kurzem Abriss als positive Ergänzung des Bisherigen zu zeigen, wie Leibniz in der That, nur sehr anders, als man im Gedanken an Geulinx seither meinte, wesentlich durch fremde Veranlassung und zögernd zu dem wenig glücklichen Bilde gekommen ist. Dabei wird sich wiederum im Gegensatz zu der seitherigen allgemeinen Annahme insbesondere noch weiter zeigen lassen, dass es ihm vor Allem auch innerlich eigentlich fremd und nie so recht sympathisch war, sondern gleich zu Anfang und dann wieder später überwiegend Bedenken erregte.

Den Grundgedanken seines monadologischen Systems, verbunden mit dem klaren und bestimmten Bewusstsein, ein Neues zu haben, das er nach längerem Zögern nun bald zu veröffentlichen gedenke, treffen wir erstmals in einem Brief an Arnauld aus Venedig vom Jahre 1690 [1]).

---

1) O. p. 107 ff.

Zugleich findet sich hier bereits auch der weitere Gedanke der Harmonie zwischen Leib und Seele, wie zwischen den aufeinander bezogenen monadischen Substanzen überhaupt, einer Harmonie, welche bei voller gegenseitiger Unabhängigkeit lediglich Folge der ersten Schöpfung sei. Dagegen zeigt sich noch keine Spur des Uhrenbilds.

Die eben erwähnte Veröffentlichung fand im Jahre 1695 statt in dem système nouveau de la nature et de la communication des substances aussi bien que de l'union, qu'il y a entre l'âme et le corps [1]). Jetzt begegnen wir ausser dem Bisherigen ziemlich genau, wie fortan stets, der Auseinandersetzung besonders mit dem Okkasionalismus 127a, während die vulgäre Ansicht des influxus als zugestanden unhaltbar nur kurz gestreift wird 127. Nicht minder ist bereits viel von Maschinen der Kunst, wie der Natur die Rede. Letztere aber, welche bis in die kleinsten Theile noch Maschinen bleiben, seien unermesslich über die ersteren erhaben und nicht blos graduell, sondern spezifisch davon verschieden. Ein Fehler des Kartesianismus sei es eben, beide all zu nahe zusammenzurücken, überhaupt in übertriebener Opposition gegen die verrufenen substanziellen Formen viel zu viel Wesens mit dem Mechanismus zu machen 126 a. b. Unter diesem Vorbehalt wird jedoch auch von Leibniz das Leibesleben als machine corporelle bezeichnet 127b. Endlich findet sich erstmals in diesem Zusammenhang der Ausdruck und Begriff der Uhr, aber ausdrücklich mit der Bemerkung, dass die Seele, das moi, als véritable unité etwas anderes, als eine Maschine, z. B. als eine Uhr sei. Höchstens scheint ihm jene vergleichbar („comme dans un — —") mit einem

---

1) O. p. 124 ff.

automate spirituel ou formel, mais libre en celle (substance), qui a la raison à partage 127b.

Hierauf entgegnet ihm nun der Canonicus Foucher von Dijon [1]). Und bei diesem tritt denn erstmals innerhalb des Leibnizischen Rayons das Uhrenbild in derjenigen Form auf, in welcher es von da an weitergeführt wurde, nemlich nicht mehr blos als das Bild einer einzigen Uhr, um etwa den Leib oder die Seele in ihrem Einzellebensprozess zu charakterisiren, sondern als das Bild zweier Uhren, welches dazu bestimmt ist, das harmonische Verhältniss von Leib und Seele oder ihre concomitance zu illustriren [2]).

Schon Berthold [3]) hatte diese ganz richtige Bemerkung ge-

---

1) O. p. 129 ff.

2) Venons à votre concomitance, qui fait la principale et la seconde partie de votre système. On vous accordera, que Dieu, ce grand Artisan de l'Univers, peut si bien ajuster toutes les parties organiques du corps d'un homme, qu'elles soient capables de produire tous les mouvements, que l'âme jointe à ce corps voudra produire dans le cours de sa vie, sans qu'elle ait le pouvoir de changer ces mouvements, ni de les modifier en aucune manière, et que réciproquement Dieu peut faire une construction dans l'âme (soit que ce soit une machine d'une nouvelle espèce ou non), par le moyen de laquelle toutes les pensées et modifications, qui correspondent à ces mouvements, puissent naître successivement dans le même moment, que le corps fera ses fonctions, et que cela n'est pas plus impossible que de faire, que deux horloges s'accordent si bien et agissent si uniformement, que dans le moment, que l'horloge A sonnera midi, l'horloge B le sonne aussi, en sorte que l'on s'imagine que les deux horloges ne soient conduits que par un même poids ou un même ressort. Mais après tout, à quoi peut servir tout ce grand artifice dans les substances — — etc. O. p. 129b. 130a.

3) A. a. O. 564. — Nicht minder treffe Ich bei ihm nachträglich auch sonst einige hübsche Beobachtungen über das fortanige Verhalten des Leibniz zu dem fraglichen Vergleich, nur dass mir dieselben weder vollständig, noch genau genug zu sein scheinen, so dass ich im Resultate geradezu auf das Entgegengesetzte von ihm herauskomme.

macht, welche aber doch erst jetzt nach definitiver Beseitigung des Gedankens an Geulinx ihren eigentlichen Werth erhält. Denn nunmehr sehen wir positiv und wohl so ziemlich zweifellos, wer den Leibniz erstmals zum Gebrauch des Bildes veranlasst hat. Nicht als ob derselbe mit beiden Händen zugegriffen oder es sogleich utiliter acceptirt hätte! Vielmehr weist im Gegentheil das erste éclaircissement du nouveau système, welches 1696 als Antwort gegen Foucher erscheint, zunächst nur dessen, dem Uhrengleichniss selbst (130ᵃ) vorangehende Zusammenstellung der Uhr und eines animal als beiderseits zusammengesetzter Substanzen (129ᵇ) in ähnlicher Weise zurück, wie die thetische Darstellung von 1695 es ultro gethan hatte. Denn das seelische Analogon des moi, welches bei einem animal jedenfalls anzunehmen sei, repräsentire eine ganz andere primitive Einheit, als eine Uhr sie je besitze oder vorstelle. — Obwohl also Berthold [1]) äusserlich und wörtlich betrachtet Recht hat, in diesem ersten éclaircissement jede Leibnizische Erwähnung oder auch nur Andeutung des Uhrenbilds für die Konkomitanz von Leib und Seele noch zu vermissen, dürfte dessen ungeachtet daneben die Annahme ebenso zu Recht bestehen, dass Foucher's Offert jedenfalls innerlich bei Leibniz Eindruck gemacht und sozusagen Wurzel gefasst hat. Nimmt er doch in seiner Erwiederung genau den Satz auf, in welchem Foucher des Facit seines Uhrengleichnisses gezogen hatte: à quoi peut servir tout cet artifice? (130ᵃ. 131ᵇ). Und wenn er dasselbe sehr bald darauf selbst braucht, so war es unverkennbar die Ideenassoziation, welche ihn von Foucher's zurückgewiesener einer Uhr dennoch zu dessen zweien zustimmend zurücklenkt hat; oder der

---
1) A. a. O. 565.

wirkliche Zusammenhang mit dem Canonicus von Dijon ist trotzdem nicht wohl anfechtbar.

Denn nun endlich im zweiten éclaircissement aus demselben Jahr 1696 wird Fouchers Gleichniss von unserem Philosophen wirklich und mit sofortiger weiterer Ausmalung acceptirt, wahrscheinlich nach dem charakteristischen Grundsatz, welchen er einmal in einem Brief an Montmort ausspricht: „In den Einsendungen für die Leipziger Journale akkommodire ich mich gehörig der Sprache der Schule; in den andern, von Frankreich und Holland, mehr dem Stile der Kartesianer, während ich mich in dem letzteren Stück, von dem ich sprach (der Monadologie) einer mehr allgemein verständlichen Sprache befleissige" [1]).

Ebenso wird das Gleichniss in wörtlich identischer Einführung mit einem „figurez vous" von dem dritten, nochmals aus dem Jahre 1696 stammenden éclaircissement gebraucht [2]) — ein Beweis, dass es gleichsam Ein tenor der Gedanken und wohl auch die Diskussion mit analogen Kreisen in derselben Zeit ist, was ihm das gleiche Bild in die Feder kommen lässt. Uebrigens ist hier bereits die nicht unbedeutsame Bemerkung zu beachten: „J'ai cru qu'on pourrait rendre la chose intelligible à toute sorte d'esprits par la comparaison suivante" [3]), womit der Vergleich offenbar als ein minder scharfer und mehr nur akkommodativ populärer bezeichnet ist.

Noch einmal findet sich das Bild in einem Brief an Basnage aus dem Jahr 1698, welcher gleichfalls als éclaircissement, diessmal

---

1) O. p. 704a.
2) Hieraus ist unser Eingangscitat S. 7 f. entnommen.
3) O. p. 134a.

gegen Bayle's Einwände auftritt. Indessen beginnt es bereits, wenn ich so sagen darf, wie ein schlecht aufgetragenes Freskogemälde abzubröckeln. Nachdem der Begriff des Sachverhalts bildlos gegeben ist, wird das Gleichniss mit den Worten eingeführt: à peu près comme si un homme était chargé d'accorder toujours deux horloges méchantes [1]). Ausserdem ist von seiner früheren dreitheiligen Gestaltung nur noch der zweite und dritte Fall konservirt, während der erste, bildlos erwähnte, bereits gefallen ist; und endlich kehrt ausdrücklich das alte Bedenken gegen den strikten Vergleich wenigstens der Seele mit einer Uhr wieder, wenn Leibniz sagt: Je n'ai comparé l'âme avec un pendule qu'à l'égard de l'exactitude réglée des changements [2]).

In noch weiterer successiver Reduzirung begegnet uns schliesslich das Gleichniss blos noch mit dem dritten Fall in dem Aufsatz sur le principe de vie 1705, und zwar abermals mit der Restriction: comme deux pendules parfaitement bien réglées sur le même pied quoique peutêtre d'une construction tout differente [3]).

Nachdem die Abhandlung de anima brutorum dieses letztere, uns von Anfang an bekannte Bedenken einer totalen Differenz zwischen jeder ob auch noch so feinen Maschine und einem perzipirenden Wesen noch einmal aufs Entschiedenste betont hat, begegnen wir, soviel ich bei gründlicher Umschau bemerken kann [4]), einer Erläuterung der

1) O. p. 152a.
2) O. p. 153a.
3) O. p. 430a.
4) In Folge der bekannten Zersplitterung der Leibnizischen Schriften mag ich mich ja am Ende irren; doch glaube ich es kaum.

Harmonie von Leib und Seele mit dem Bilde zweier gleichlaufender Uhren gar nicht mehr. Die Uhr wird nur noch einseitig, wie schon 1695, als Bild für den geregelten Leibesprozess und die Abfolge seiner Funktionen gebraucht, während der Seelenprozess als andersartig, teleologisch und frei bezeichnet wird: *Les premières (forces naturelles du corps) opèrent sans liberté, comme un montre, les secondes (forces nat. des esprits) sont exercés avec liberté quoiqu'elles s'accordent exactement avec cette espèce de montre qu'une autre cause libre, superieure a accommodé avec elles par avance* [1]).

Unzählige Mal wiederholt sich zwar noch die Auseinandersetzung mit dem Okkasionalismus und verwandten Theorien, zu welcher unseren Philosophen z. B. in der Theodicée besonders die Einwürfe Bayle's veranlassen. Aber nie kehrt mehr das alte Bild zur Illustration dieser okkasionalistischen und der Leibnizischen Anschauungsweise wieder, sondern es sind, ohne übrigens viel Werth und Gewicht darauf zu legen, andere, aus Bayle oder Jaquelot dankend entnommene und mehrfach gebrauchte Vergleiche, wie das automatische Schiff 475b, bereits erwähnt 183b; der automatische Diener als Beispiel für das Verhältniss der Freiheit zur göttlichen Vorsehung 520b, 521a; vgl. 433b; endlich die öftere Bezeichnung der Seele als eines automate spirituel 517b, 620a.

Auf der anderen Seite kommt ebenso oft in den Verhandlungen mit dem Deismus von Clarke-Newton gerade die Uhr als Hauptbild vor, aber nur als Bild für den Weltlauf im Ganzen, der bei jenen einer schlechten, der Reinigung und Reparatur bedürftigen Uhr gleiche 735a, 746b, 747a, 775b; bei ihm dagegen einer solchen,

---

1) O. p. 778a. Vgl. auch 775 und 101.

welche gehe, „sans avoir besoin de sa correction, autrement il faudrait dire que Dieu se ravise" 749b.

Wenn im gleichen Zusammenhang 773b, 794a auch noch ausdrücklich eine Diskussion der okkasionalistischen Lehre, überhaupt eine Besprechung der Frage nach der Konkomitanz von Leib und Seele sich findet, wie nahe lag es alsdann von hier aus, das alte Uhrenbild zu brauchen. Oder wenn doch schon einmal der Weltlauf im Ganzen immer wieder mit dem Ablauf Einer Uhr verglichen wird, so drängte es sich förmlich auf, nun auch vollends die Spezialfrage der Konkomitanz in der Welt durch eine Doppelapplikation der Uhr d. h. durch das frühere Gleichniss zu erläutern. Man meint jeden Augenblick, jetzt müsse der alte Bekannte endlich hervortreten, — aber er bleibt aus! Dagegen werden andere schon gebrauchte Bilder unbedenklich wiederaufgenommen. In dem wichtigen Aufsatz gegen Lami's okkasionalistische Einwürfe hatte Leibniz den philosophischen Begriff des Wunders dahin präzisirt, dass es, um von ihm reden zu können, nicht auf die Seltenheit, sondern nur auf die Unnatürlichkeit eines Geschehens ankomme. Wunderbar wäre z. B., wenn Gott einem isolirt gedachten Körper, obschon durch ein allgemeines Gesetz befehlen würde, fortwährend eine Kreisbewegung zu beschreiben, während seine Körpernatur ihn zur alsbaldigen tangentialen triebe. Diess Exempel kehrt nun zweimal in den Auseinandersetzungen mit Clarke 753b und 777b wieder, beidemal mit der Bemerkung, es sei ein altes Beispiel von ihm, oder ein solches, das er schon oft mit Erfolg angewandt habe. Verfuhr er mit guten Beispielen so konservativ, warum liess er dann dem Uhrengleichniss, welches auch später oft so äusserst nahegelegt war, nicht dieselbe Gunst angedeihen?

Wenn ich hiemit den ganzen Lebenslauf dieses Unglückskinds von der Geburt bis zu seinem Tode bei Leibniz verfolgte und dem Leser vorführte, so mag man das meinethalb einen kleinlichten Spezialitätenkram nennen. Allein es war mir gegenüber von traditionell gewordenen Ansichten darum zu thun, nicht blos ohne andauernden Erfolg zu **behaupten**, sondern zu **beweisen**, dass jenes Bild bei unserem Philosophen faktisch lange nicht die Rolle spielt, welche ihm gewöhnlich angewiesen wird. Und diess müssen wir im Interesse von Leibniz für ein zweites sehr erwünschtes Resultat erklären, welches die minutiöse Detailirung unserer Untersuchung immerhin rechtfertigen dürfte. Ist es doch in der That und mehrfach angesehen ein ziemlich missliches Bild, an welches desshalb Lotze bei einer ausführlichen Durchkritisirung die Bemerkung anknüpft: „Unsere Erörterung zeigt, was man freilich ohnehin weiss, dass Leibniz mit seinen Gleichnissen niemals viel Glück hatte" [1]. Diess trifft hier allerdings sowohl sachlich, als historisch zu, daher es eben von Werth ist, die relativ geringe Liaison Leibnizens mit demselben kennen gelernt zu haben.

In **sachlicher** Hinsicht verhält es sich nemlich genau so, wie die successive Abbröckelung bei ihm selber zeigt. Als Bild und Erläuterungsmittel fast unbrauchbar ist der erste Fall, welcher dem entsprechend auch zuerst wieder verschwindet. Denn wie soll man sich jedenfalls populär, und dafür ist das Gleichniss gemünzt, eine dem influxus physicus analoge Wechselwirkung zwischen zwei Uhren vorstellen, ohne dass man in bestimmterer Ausmalung unversehens blos **Ein** Gehwerk von massgebender Art erhält, welches durch irgend eine mechanische Vorrichtung ein anderes Getriebe, eventuell blos die

---

[1] Metaphys. von 1879 S. 131 f. 125 f.

Zeiger des Zifferblatts einer scheinbaren Uhr nach sich zieht? [1]). Für die Wechselwirkung zweier Potenzen wäre das keine Veranschaulichung. Ich weiss wohl, dass Leibniz selbst die Sache viel feiner fasst, indem er auf eine sinnreiche Veranstaltung und Entdeckung des Mathematikers und Physikers Huygens verweist. Allein diess ist einerseits kaum mehr populär und überhaupt anschaulich zu nennen, und für's andere taugt das Beispiel durch die Einschiebung einer dritten Potenz, welche die beiderseitigen Wirkungen sammelt und wieder ausgibt, nicht mehr als Erläuterung für die ächte und direkte Wechselwirkung zwischen zweien.

Was den von Leibniz etwas länger fortgeführten zweiten Fall anlangt, so hatten wir oben hinreichend Veranlassung, auf die Schwierigkeiten hinzudeuten, welche sich bei einer ernstlichen Hineinversetzung in das Bild ergeben. Dass er sich mit der Anschauung des Okkasionalismus und jedenfalls mit dessen besserer Seite durchaus nicht recht decken will, konnte unserem Philosophen selbst auch ohne die diesbezüglichen Einwendungen der Gegner nicht verborgen bleiben; daher er sich bald auf ein „à peu près comme si — —" zurückzieht und nicht viel später die Sache ganz fallen lässt.

Am ehesten gieng noch der dritte Fall an, wie ihn einerseits Geulinx hat, andererseits Leibniz verhältnissmässig am längsten zur Veranschaulichung seiner prästabilirten Harmonie verwendet. Aber

---

1) Andeutung einer solchen Auffassung bei Erdmann II, 157, besonders aber bei Schwegler, Gesch. der Phil. im Umriss ed. 12, S. 174: „Diese Übereinstimmung kann man erstlich so erklären, dass man eine wirkliche Verbindung zwischen den beiderseitigen Zeigern annimmt, so dass der Zeiger der einen Uhr den Zeiger der anderen Uhr nach sich zieht (gewöhnliche Ansicht)".

auch ihm gegenüber sahen wir von Anfang an das Bedenken des „claudicat" sich regen, welches in einer Vergleichung der Seele und ihres Lebens mit einem mechanischen Uhrenwerk liegt. Um also keine Missverständnisse in dieser Hinsicht zu provoziren oder doch zu beständigen Restriktionen und Kautelen genöthigt zu sein, kassirte er später lieber auch vollends diesen letzten Rest des alten Bildes von 1696.

Fürs Andere ist nun aber zweifellos, dass das Gleichniss auch in historischer Beziehung, wenn gleich ohne Schuld von Leibniz, nur störend gewirkt und mehr verdunkelt, als veranschaulicht und aufgehellt hat.

Diess gilt zuerst hinsichtlich von Geulinx. Wie auch Eucken zugibt [1]), stammt unverkennbar die übliche Unterschätzung des ganzen und besonders des Geulinx'schen Okkasionalismus wohl in erster Linie von dieser allverbreiteten und scheinbar plastischtreffenden Vergleichung bei Leibniz. Da dieselbe sich eben auf die Spezialfrage der Harmonie von Leib und Seele bezog, so resultirte daraus, ohne dass es Leibniz notorisch so meinte, einmal das weitverbreitete Missverständniss, als ob die Theorie des Okkasionalismus lediglich eine seltsam bornirte, singulär anthropologische wäre und nicht vermocht hätte, sich von dem Spezialfall der anthropologischen Frage zur Höhe einer universal-metaphysischen Betrachtung aufzuschwingen [2]). Sodann setzte sich in unvermeidlicher und wie wir zeigten wesentlich richtiger Interpretation des zweiten Falls der Leibnizischen Vergleichung hartnäckig nur die ungünstige Seite des Okkasionalismus in Bewusstsein des grösseren gelehrten Publikums fest und erschien als dessen alleinige

[1]) A. a. O. 535.
[2]) Vgl. oben S. 21.

oder zum Mindesten hauptsächliche Lehre, wogegen die wiederholten Einräumungen eines Besseren von Seiten des Leibniz selbst nicht mehr aufkamen. Bezogen sich doch dieselben unter Namensnennung vor Allem auf Malebranche, während man über Geulinx vielleicht anderswoher so beiläufig erfuhr, dass er gleichfalls das Beispiel der Uhr gebraucht habe. Ohne genauere Kenntniss des Mannes konnte man natürlich nicht umhin, diese gelegentliche Notiz mit dem Leibnizischen zweiten Fall zu kombiniren, der ja gleichfalls vom Okkasionalismus handelte, somit dem Geulinx lediglich einen derartigen schlechteren Gebrauch des Bilds und eine entsprechend geringere Lehre zuzutrauen.

Erhielt man dagegen allmählig einen genaueren Einblick in den ächten historischen Sachverhalt bei dem Niederländer, wie diess seit Sigwart's und Ritter's Wink immer häufiger wurde, so drehte sich die geschichtliche Fatalität des Uhrenbilds nun umgekehrt gegen Leibniz, besonders wenn man zugleich auf sein Schweigen über jenen achtete; und es ergab sich, ausgesprochen oder nicht, jener sattsam behandelte Verdacht oder böse Schein wider ihn.

So stand man vor einem widrigen Dilemma: Wer dem Deutschen nicht zu nahe treten wollte, musste unwillkürlich die Neigung verspüren, den Geulinx nicht recht aufkommen zu lassen; und wer andererseits den Niederländer unbefangen las, kam mehr oder weniger auf bedenkliche Konsequenzen hinsichtlich des Leibniz. Irre ich nicht, so hat es mein vorliegender Nachweis möglich gemacht, mit gutem Gewissen fortan Beiden zugleich gerecht zu werden.

Immerhin dürften eben wegen dieser mehrfachen Misslichkeit des Leibnizischen Uhrenbilds künftige Darstellungen der Geschichte der Philosophie einigermassen Rücksicht auf dasjenige zu nehmen haben, was ich jedenfalls hinsichtlich seines Gebrauchs bei Leibniz nicht etwa blos wahrscheinlich gemacht, sondern umständlich genug und dadurch wohl sicher nachgewiesen habe.

Es gibt nemlich wohl kaum eine Geschichte der Philosophie, welche bei der Schilderung des Leibnizischen Systems dieses Gleichniss nicht erwähnen würde. Hiegegen ist nun gar nichts zu sagen, wenn es, wie z. B. bei Zeller [1]), mit glücklichem Takte nur so geschieht, dass ohne jeden Nachdruck darauf oder ohne die Andeutung irgend einer besonderen Vorliebe sogar blos der dritte Fall gelegentlich verwendet, die bodenklichen zwei andern aber ignorirt werden. Misslicher ist es schon bei Erdmann [2]), der alle drei Fälle wenigstens kurz scizzirt und überdem den Passus mit den Worten einleitet: „Leibniz wird es nicht müde, der vulgären Ansicht — sowie der okkasionalistischen — als dritte die Seinige entgegenzustellen, nach welcher Leib und Seele sich wie zwei gleichgut gehende Uhren verhalten, deren Zifferblätter ohne realen Zusammenhang und ohne Nachhilfe stets das Gleiche zeigen." So richtig dieses „nicht müde werden" hinsichtlich der Sache ist, entsteht doch auf diese Weise beinahe nothwendig der falsche Schein, als ob dasselbige auch hinsichtlich des erläuternden Uhrenbeispiels gelten würde. Alle drei Fälle in extenso finden sich ferner bei Ueberweg (wiewohl mit nicht ganz genauer Angabe des Orts, wo sie stehen), ebenso ohne Stellenangabe bei Schwegler [3]) und endlich bei Windelband [4]), wo namentlich

---

1) Gesch. der deutschen Philos. ed. I, S. 117.
2) A. a. O. II, 157.
3) A. a. O. 174.
4) Gesch. der Philos. I, 464.

der Ausdruck „das berühmte Uhrenbeispiel" gleichfalls wieder irre leiten kann.

Kurzum, in der überwiegenden Mehrzahl der Darstellungen bekommt der unbefangene Leser fast unvermeidlich den Eindruck, es hier mit dem Leibniz'schen Leib- und Lieblingsbild, um nicht zu sagen mit dem Paradestück der prästabilirten Harmonie zu thun zu haben. Offenbar steht auch Berthold unter dem Einfluss dieser allgemeinen Tradition, was für meine Behauptung ihrer Macht um so beweisender ist, als jener durch den von ihm selbst hübsch begonnenen Verfolg des Leibnizischen Gebrauchs auf eine richtigere Ansicht hätte kommen können und in der That auch stutzig zu werden beginnt [1]). Nichts destoweniger beginnt sogleich sein Aufsatz mit den Worten: „Mit Vorliebe benützte Leibniz zur Erläuterung der Verbindung des Leibs und der Seele das Gleichniss zweier Uhren" — und später heisst es noch einmal: „Welchen grossen Werth Leibniz auf das Uhrengleichniss legte, geht am besten daraus hervor, dass er es von jetzt an öfter verwendet" [2]).

Ich denke, mein genauer Nachweis sowohl der Zahl, als namentlich der Art dieser Verwendung dürfte hinreichen, um so ziemlich zu dem entgegengesetzten Resultate zu gelangen und zu erkennen, wie sehr müssig die Vorliebe und der Werth war, welchen Leibniz in Wahrheit darauf legte. Ich würde also angesichts dieses exakten historischen Sachverhalts vorschlagen, es künftig mit dem Bilde annähernd etwa in Zellers Weise zu halten. Bei Geulinx wäre es zu dessen Ehren genau zu bringen; bei Leibniz aber würde mit der

---

1) A. a. O. 567, Anm. 2 fin.
2) A. a. O. 561. 566.

Bemerkung seiner völligen Unabhängigkeit und Unbekanntschaft hinsichtlich des Geulinxschen Gebrauchs, und ohne jede Werthbetonung lediglich der dritte Fall anzuführen sein. Nur dann würde das Unglückskind beider endlich aufhören, mit seiner wenigstens scheinbaren Plastik und leicht behältlichen Anschaulichkeit („à toute sorte d'esprits"!) die bisherige Trübung und Schädigung beider Philosophen zu perpetuiren.

Dass all diess in erster Linie auch von meiner eigenen früheren Schrift über Geulinx gilt, versteht sich nach dem Bisherigen von selbst. Sollte ich später in irgend einer Form diese Studie über den Niederländer konserviren, so geschähe es natürlich nur im Sinn und Geist der fortan allein von mir vertretenen jetzigen Arbeit, welche die armen Uhren hoffentlich endlich auslaufen lässt.

Es war viel Gestrüpp und unleugbar meistens Niederholz von literarhistorischem Detail, durch was sich unser Gang durchzuwinden hatte. Insbesondre konnte ich es der zuverlässigen Genauigkeit halber nicht vermeiden, Quellencitate in fast penibler Häufung vorzuführen.

Zur Erleichterung des Überblicks erlaube ich mir daher, schliesslich die Resultate der voranstehenden Untersuchung über „Leibniz und Geulinx mit besonderer Beziehung auf ihr beiderseitiges Uhrengleichniss" in folgenden Sätzen zu formuliren, welche theils auf hohe Wahrscheinlichkeit, theils auf Gewissheit Anspruch machen:

1. Leibniz hat das Uhrengleichniss weder von Geulinx entlehnt, noch auch nur gewusst, dass sich dasselbe schon bei diesem findet, obwohl er ihn sonst kannte. Denn

die Noten der Geulinx'schen Ethik, in welchen es allein steht, sind weit später edirt, als der dazu gehörige Text, also dem Leibniz nach dem früher abgemachten Studium des letzteren höchst wahrscheinlich gar nie zu Gesicht gekommen, sowenig als den Meisten seiner Zeitgenossen.

2. Sein Schweigen über Geulinx, sowie seine Verwendung des Uhrengleichnisses gerade auch gegen den Okkasionalismus verliert hiemit jede Ungehörigkeit oder Zweideutigkeit. Eine solche war insolange nicht nachhaltig wegzubringen, als man bei Leibniz eine Kenntniss des Geulinx'schen Bildes und seiner Tendenz annehmen musste. Nunmehr jedoch wäre·das, dass der Vergleich in Leibnizens Gebrauch sicher die minder günstige Seite am Okkasionalismus zur Anschauung bringt, blos noch eine theoretische Einseitigkeit in der Beurtheilung des Gegners, welche sich überdies auf dessen schwer abweisbare nähere Konsequenz berufen kann und durch andere ausdrückliche Einräumungen auch der besseren Seite ausgeglichen ist.

3. Positiv ist Leibniz zur Aufnahme des Uhrenexempels wahrscheinlich durch den Kartesianer Foucher von Dijon veranlasst worden. Derselbe hat es wohl aus dem mechanistischen Bilderkreis seiner Zeit und Schule geschöpft, gleichfalls ohne von Geulinx' Vorgang zu wissen.

4. Das Bild ist, wie dem Ursprung, so auch dem Gebrauche nach nicht als Leibnizens Haupt- und Lieblingsbild zu betrachten, wie bisher fast ausnahmslos geschah. Er acceptirte das offerirte zögernd, brauchte es ein paar Mal in ziemlich identischem Zusammenhang, liess es aber dann verhältniss-

mässig bald Zug für Zug wieder fallen, bis schliesslich seine unverkennbare Ignorirung desselben förmlich den Eindruck der Desavouirung macht.

5. Eine unglückliche, hiemit entwirrte Komplikation des Zufalls ist es demnach zu nennen, dass das unbewusste Zusammentreffen beider Philosophen in demselben Bilde und speziell die Leibnizische Ausmalung desselben seither meistens auf den Einen oder den Andern vor den Augen der Nachwelt einen falschen Schein warf, und den Niederländer theoretisch herunterdrückte, oder aber den Deutschen in den Verdacht einer literarischen Ungehörigkeit brachte. Nunmehr ist es möglich und angezeigt, Beiden zugleich gerecht zu werden.